EL NIÑO Y SU M

EL NIÑO Y SU MUNDO

Juegos
para hacer pensar
a los bebés

Jackie Silberg

ONIRO

Título original: *125 Brain Games for Babies*
Publicado en inglés por Gryphon House, Inc.

Traducción y adaptación de Leonora Saavedra

Ilustraciones: Becky Malone

Diseño de cubierta: Víctor Viano

Fotografía de cubierta: Stock Photos

Distribución exclusiva:
Ediciones Paidós Ibérica, S.A.
Mariano Cubí 92 – 08021 Barcelona – España
Editorial Paidós, S.A.I.C.F.
Defensa 599 – 1065 Buenos Aires – Argentina
Editorial Paidós Mexicana, S.A.
Rubén Darío 118, col. Moderna – 03510 México D.F. – México

© 1999 by Jackie Silberg

© 2000 exclusivo de todas las ediciones en lengua española:
Ediciones Oniro, S.A.
Muntaner 261, 3.º 2.ª – 08021 Barcelona – España
(oniro@edicionesoniro.com – www.edicionesoniro.com)

ISBN: 84-89920-91-5
Depósito legal: B-42.399-2003

Impreso en Hurope, S.L.
Lima, 3 bis – 08030 Barcelona

Impreso en España – *Printed in Spain*

Dedicatoria

Este libro está dedicado a toda la gente que tiene la suerte de pasar tiempo con bebés. El gozo, el reto y la gran satisfacción que supone ayudar a que «crezca» el cerebro de un bebé harán que tu vida tenga cada vez más sentido. A propósito, dale un gran beso a tu bebé de mi parte.

Agradecimientos

A mi editora, Kathy Charner. Éste es nuestro octavo libro juntas, lo cual nos ha dado pie para desarrollar una maravillosa amistad
que significa mucho para mí.
A Leah y Larry Rood, los propietarios y editores de Gryphon House, les agradezco su apoyo constante y su gran generosidad.
Quiero dar las gracias a todo el personal de Gryphon House por su continua ayuda y sus ideas imaginativas, con las que consiguen que mis libros tengan el éxito que tienen.

Índice

Introducción

Es maravilloso jugar con mi nieto de dos meses. Sus gorjeos y sonrisas me derriten el corazón. Le encanta estar en brazos y que le mezan, le acaricien y le abracen. En otros tiempos, mi reacción sólo hubiera sido: «¿A que es adorable?», o «Es tan tierno...», pero ahora lo valoro de otra manera. Evidentemente, sigue siendo tierno y adorable, pero ahora sé que abrazarle, mecerle, cantarle y acariciarle son actos que ayudarán a que su cerebro se desarrolle.

Para cuando un niño cumple los tres años, su cerebro ha formado 1.000 billones de conexiones, aproximadamente dos veces más de las que tenemos los adultos. Algunas de las células del cerebro, que se llaman neuronas, ya están vinculadas a otras células antes del nacimiento. Controlan el latido del corazón del bebé, su respiración, sus reflejos, y regulan todas las funciones esenciales para su supervivencia. El resto de las conexiones del cerebro están esperando ser «conectadas».

Las conexiones que las neuronas establecen entre sí se llaman sinapsis. Mientras que diferentes partes del cerebro se desarrollan a ritmos distintos, investigación tras investigación han mostrado que el período cumbre de producción de sinapsis ocurre entre el nacimiento y los diez años. Durante este tiempo, las ramificaciones receptivas de las células nerviosas, que se llaman dendritas, están creciendo y expandiéndose para formar billones y billones de sinapsis. Una célula puede conectarse a otras 10.000 células más. El peso del cerebro se triplica hasta alcanzar casi su tamaño de adulto. Los períodos de producción acelerada de sinapsis en determinadas partes del cerebro parecen corresponderse con el desarrollo de comportamientos vinculados con dichas partes. Los científicos creen que los estímulos que reciben los bebés y los niños pequeños determinan qué sinapsis se forman en el cerebro, es decir, qué circuitos son los que se establecen.

¿Cómo sabe el cerebro qué conexiones debe mantener? Es aquí donde entran en juego las primeras experiencias. Cuando una conexión se usa repetidamente en los primeros años de vida, se convierte en permanente. Al contrario, una conexión que se utiliza muy poco o nada en absoluto difícilmente sobrevivirá. Por ejemplo, un niño a quien casi no se le habla o se le lee en los primeros años puede después tener dificultades para desarrollar sus capacidades lingüísticas. Una niña con quien se juega muy poco puede tener problemas de adaptabilidad social a medida que va creciendo. El cerebro infantil necesita una respuesta de su entorno. Se desarrolla como órgano capaz de pensar y sentir emociones a través de las cosas que experimenta. Los circuitos que se forman en el cerebro influyen en el desarrollo de los niños. Lo más probable es que un niño que desde su nacimiento ha estado inmerso en el lenguaje aprenda a hablar muy bien, y que un bebé cuyos gorjeos son respondidos con sonrisas en vez de con apatía más adelante sea sensible a los sentimientos.

Los científicos han aprendido más sobre el funcionamiento del cerebro humano en los últimos diez años que en el resto de la historia. Su descubrimiento de que las experiencias de la primera infancia conforman en gran parte el cerebro de los pequeños está cambiando la manera en que nos planteamos las necesidades de los niños.

Las recientes investigaciones del cerebro han hecho tres descubrimientos fundamentales. Primero, la capacidad de un individuo para aprender y crecer en una variedad de entornos depende de la interacción entre naturaleza (o sea, su dotación genética) y educación (el tipo de cuidados, estímulos y educación que recibe). Segundo, el cerebro humano está singularmente configurado para beneficiarse de las experiencias y de las buenas enseñanzas que recibe durante los primeros años. Y tercero, mientras que las oportunidades y los riesgos son mayores durante los primeros años de vida, el aprendizaje ocurre en el transcurso de todo el ciclo de la vida humana.

La mejor manera de desarrollar las conexiones cerebrales de un bebé es hacer lo que los bebés necesitan, empezando por darles padres y cuidadores cariñosos y atentos. Los bebés necesitan un entorno que les resulte interesante de explorar, que sea seguro y que esté lleno de personas que respondan a sus necesidades emocionales e intelectuales. Necesitan personas que les canten, les abracen, les hablen, les mezan, les lean cuentos, no fichas de lecciones delante de sus caras. Todas estas conexiones del cerebro no están ahí para forzar un aprendizaje temprano, sino para desarrollar su potencial para el aprendizaje futuro. Cuando el desarrollo del cerebro ocurre como debería darse, es bastante probable que el aprendizaje futuro tenga éxito. Todos los juegos en este libro desarrollan la capacidad cerebral de los bebés. Son los cimientos para su aprendizaje futuro, un comienzo bueno y sólido para ellos. ¡Y además son divertidos!

Ha sido una experiencia muy estimulante escribir este libro. Creo que todos los que han estado con bebés son conscientes de las capacidades asombrosas que tienen. Ahora la ciencia ha confirmado muchas de las cosas que ya sabíamos de una manera intuitiva. Cada vez que juego con un bebé y veo cómo agita las llaves, aporrea una mesa o se estira para coger algo de mi mano, pienso: «Qué maravilla, está haciendo conexiones en su cerebro». Espero que este libro te ayude a crear muchos momentos maravillosos con tu bebé.

De 0 a 3 meses

Juegos para recién nacidos

SEGÚN LOS ÚLTIMOS ESTUDIOS:

Cuanto más cariñosos sean los estímulos que se le dan a un bebé, mayor será el número de sinapsis y conexiones que se creen.

■ Los bebés hasta de un día reconocen las voces de sus padres. Si te tocabas el vientre y hablabas a tu hijo mientras estaba en el útero, sabrá reconocer el sonido de tu voz.

■ Mientras el niño está tendido sobre la espalda, ponte a un lado de su cuna y llámalo por su nombre.

■ Continúa diciendo su nombre hasta que mueva los ojos o la cabeza hacia el sonido.

■ Camina hacia el otro lado de la cuna y repite su nombre.

■ Dale un masaje suave por todo el cuerpo mientras le sonríes mirándole a los ojos y lo llamas por su nombre.

Te quiero, chiquitín

2

SEGÚN LOS ÚLTIMOS ESTUDIOS:

La investigación muestra que cuanto más se abraza, acaricia y se tiene en brazos a un bebé, más seguro de sí mismo e independiente será de mayor.

- Sostén al bebé en brazos mientras lo vas meciendo.

- Mientras lo meces, di las palabras: «Te quiero, chiquitín».

- Al decir «te», dale un beso a una parte de su cuerpo: cabeza, nariz, dedos de los pies.

- A medida que vaya creciendo, puede pedirte que juegues a este juego con él.

- Este juego desarrolla el vínculo de apego entre vosotros.

SEGÚN LOS
ÚLTIMOS
ESTUDIOS:

Los bebés
responden al
«tono aniñado»,
la entonación
aguda que los
adultos utilizan
cuando hablan
con bebés.*

Parloteo

■ Cuando hablas en «tono aniñado» al dirigirte a bebés, estás comunicándote con ellos y animándoles a que te respondan con ruidos, lo cual a su vez ayuda a desarrollar sus aptitudes lingüísticas.

■ Di cosas como: «Eres un bebé tan tierno...» o «¡Mira qué diez deditos tan lindos!» mientras le hablas en tono agudo.

■ Mientras hablas en «tono aniñado», sostén al bebé cerca de tu cara y mírale directamente a los ojos.

* En inglés se utiliza un término preciso (*parentese*) para este tono de voz agudo; en español, su equivalente es «tono aniñado», debido a que el tono de voz de los niños pequeños es más agudo por naturaleza que el de los adultos. *(N. de la T.)*

Música tranquilizante

SEGÚN LOS ÚLTIMOS ESTUDIOS:

Los recién nacidos tienen una respuesta natural a la música a través de su habituación al ritmo, sonido y movimiento mientras estaban en el útero.

■ Coloca un casete cerca de la cuna de tu bebé.

■ Escoge una cinta con música instrumental suave o con canciones de cuna y pónsela.

■ La música cuya melodía se repite resulta muy tranquilizante para un bebé, porque es el tipo de sonido que oía mientras estaba en el útero.

■ Graba los sonidos de tu lavadora o lavaplatos y deja que tu bebé los escuche. Estos sonidos también se parecen a los sonidos del útero.

5

La investigación muestra que las experiencias sensoriales positivas y la interacción social con adultos mejoran las capacidades cognitivas de los bebés.

El juego de soplar

■ Este juego ayuda a que el bebé sea consciente de las diferentes partes de su cuerpo.

■ Sopla suavemente sobre las palmas de sus manos. Mientras vas soplando, di las siguientes palabras en tono cantarín:

> *Aquí están las palmas del bebé.*

■ A continuación besa las palmas de sus manos.

■ Sopla sobre diferentes partes de su cuerpo, recitando el nombre de cada parte y dándole un beso. A la mayoría de los bebés les gusta que soples sobre sus codos, dedos, cuello, mejillas y dedos de los pies.

Juegos no verbales

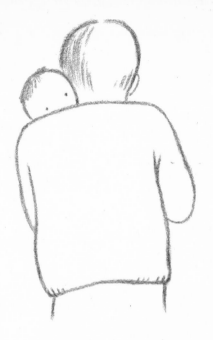

Tocar, abrazar y acariciar a un bebé no sólo le consuela, sino que también ayuda a que se desarrolle su cerebro.

■ Comunícate con los pequeños mirándoles a los ojos, abrazándolos contra tu cuerpo y respondiendo a sus sonidos.

■ Mantener a tu bebé pegado a tu cuerpo desarrolla una sensación de vinculación y seguridad que necesita para crecer.

■ Aprieta al bebé contra ti y camina alrededor de la habitación.

■ Para de caminar, mírale a los ojos, sonríe y frota tu nariz contra la suya.

■ Vuelve a caminar y para de nuevo. Repite esta acción varias veces.

7

La capacidad de un niño de controlar sus emociones depende de sus primeras experiencias y vinculaciones.

Besos y abrazos

■ La forma en que tocamos, tratamos y cuidamos de los bebés puede afectar profundamente al modo en que se desarrollan como adultos después. Este juego hará que tu bebé se sienta seguro y protegido.

■ Canta con voz suave y monótona la siguiente canción mientras meces y besas a tu bebé.

> *Besos y abrazos, yo te quiero,*
> *yo te quiero, yo te quiero.*
> *Besos y abrazos, yo te quiero,*
> *tú eres mi bebé.*

■ Cuando le estás cambiando el pañal, puedes cantarle esta canción mientras le besas la nariz y los dedos de los pies y las manos.

Aquí está mi dedo

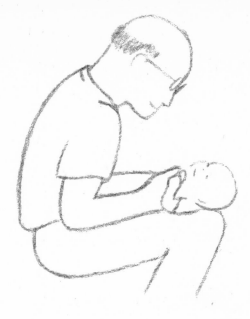

8

SEGÚN LOS ÚLTIMOS ESTUDIOS:

El mero hecho de estirarse para coger un objeto ya ayuda a que el cerebro desarrolle la coordinación óculo-manual.

- Este juego fortalece las manos y dedos de los bebés.

- Pon al bebé en tu regazo.

- Coloca tu dedo índice en su mano.

- Probablemente intentará sujetar tu dedo, ya que es un reflejo natural de los recién nacidos.

- Cada vez que te sujete el dedo, dile frases positivas como: «¡Eres una maravilla!» o «¡Qué fuerte eres!».

- Este juego también ayuda a desarrollar su capacidad de seguir movimientos.

Hola

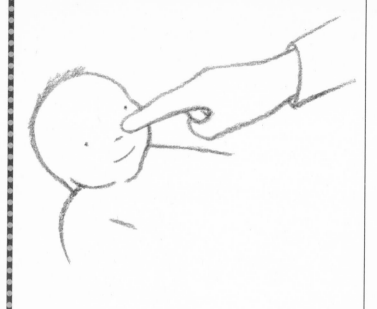

9

SEGÚN LOS ÚLTIMOS ESTUDIOS:

Al nacer, las cosas que tu bebé ve mejor son las que están a una distancia de entre 20 y 30 centímetros de sus ojos.

■ Cuando tu bebé ve tu cara, se pone contento.

■ Recítale el siguiente poema mientras mantienes tu cara cerca de la suya.

> *Hola, hola, te quiero mucho.*
> *Hola, hola, te miro y te escucho.*
> *Hola, hola, mis dedos te tocan.*
> *Hola, hola, te toco la naricita,*
> *hola, hola, te beso la naricita.*

■ Repite este poema cambiando las dos últimas líneas para incluir otras partes de su cara: orejas, ojos, mejillas y labios.

¿Dónde está?

SEGÚN LOS ÚLTIMOS ESTUDIOS:

Las neuronas de la vista comienzan a formarse durante los primeros meses de vida. Las actividades que estimulan la vista de un bebé aseguran su buen desarrollo visual.

- Sujeta un pañuelo o bufanda de colores vivos delante de tu bebé.

- Muévelo lentamente mientras hablas sobre el alegre colorido de la prenda.

- Cuando sabes que está mirando el pañuelo, muévelo lentamente hacia un lado.

- Sigue moviéndolo de un lado a otro pausadamente para alentarle a seguirlo con los ojos.

- Juega a este juego a menudo. ¡Estás ayudando a desarrollar su capacidad cerebral!

Nota: Al igual que con cualquier otro juego, has de estar alerta a señales de que tu bebé está cansado de la actividad y listo para descansar o jugar a otra cosa.

**SEGÚN LOS
ÚLTIMOS
ESTUDIOS:**

A los 2 meses los
bebés pueden
distinguir las
facciones de una
cara.

Sigue la acción

■ A los bebés les encanta mirar caras, especialmente si se trata de caras de personas queridas.

■ Intenta hacer diferentes tipos de caras y sonidos para desarrollar la vista y el oído de tu bebé.

■ Aquí tienes unas cuantas ideas:

✓ Cántale una canción mientras mueves la boca exageradamente.

✓ Parpadea.

✓ Sácale la lengua.

✓ Haz muecas.

✓ Haz sonidos apretando los labios.

✓ Tose y bosteza.

El juego del sonajero

12

SEGÚN LOS ÚLTIMOS ESTUDIOS:

El cerebro de los bebés prospera y crece gracias a la información transmitida por su entorno, y se desarrolla como órgano capaz de pensar y sentir gracias a sus primeras experiencias.

■ Sujeta un sonajero delante de tu bebé y agítalo suavemente.

■ Mientras agitas el sonajero, cántale cualquier canción o bien ésta al son de «En la granja de mi tío»:

> *Agita, agita, el sonajero, I-A-I-A-O*
> *Suena, suena, el sonajero, I-A-I-A-O.*

■ Asegúrate de que tu bebé está mirando el sonajero y entonces muévelo hacia un lado y vuelve a cantarle la canción.

■ Sigue moviendo el sonajero por diferentes partes de la habitación y mira como tu bebé mueve la cabeza hacia el sitio desde donde proviene el sonido.

■ Coloca el sonajero en su mano y cántale la canción de nuevo.

■ A los bebés les gustan las canciones, y más tarde, cuando se están preparando para hablar, intentarán imitar los sonidos que han oído.

13

Un bebé de un mes es capaz de ver cosas hasta a 90 centímetros de distancia, y está muy interesado en descubrir su entorno.

El juego de los sombreros

- Tu cara es una de las primeras cosas que reconoce tu bebé.

- Intenta jugar a este juego de sombreros con tu hijo. Él reconocerá tu cara, y al mismo tiempo estarás estimulando su vista.

- Escoge diferentes sombreros para ponerte. Mientras te vas probando los diferentes sombreros, di:

> *Sombreros, sombreros* (mueve la cabeza para delante y para atrás),
>
> (mamá, papá, nombre de persona) *tiene un sombrero.*
>
> (La misma persona) *quiere a* (nombre del bebé)
>
> *cuando se pone su sombrero.*

- Si no tienes muchos sombreros o gorros, puedes ponerte un pañuelo o un lazo en la cabeza.

Experiencias sensoriales

Lo que los bebés ven y huelen hace que el cerebro forme conexiones, sobre todo si las experiencias ocurren de manera predecible, continuada y en un entorno de cariño.

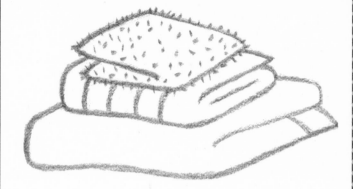

■ Exponer a tu bebé a muchas sensaciones diferentes servirá para ampliar su conocimiento de sí mismo y del mundo.

■ Prueba a frotar sus brazos suavemente con diferentes tejidos. El satén, la lana y la tela de toalla son buenos tejidos para comenzar.

■ Dale la oportunidad de experimentar con diversos olores. Sal con él al exterior y huele una flor. Huele una naranja recién cortada.

Nota: Ten cuidado de no estimularle en exceso. Fíjate en cualquier señal de que ya se ha cansado del juego.

15

Las neuronas de la vista comienzan a desarrollarse alrededor de los dos meses. Estimular la vista ayudará a que se formen conexiones visuales.

Sombras

- Los bebés se despiertan muchas veces a lo largo de la noche.

- Las sombras que hace una lucecita de noche crean formas interesantes que tu hijo puede mirar.

- Si colocas un móvil de tal manera que su sombra se refleje en la pared, harás que se desarrolle la vista de tu bebé.

- Cuando sea un poco mayor, puedes jugar a crear sombras de diversos animales con tus manos.

Sé un bebé

Para que el cerebro se desarrolle de manera sana y óptima, es fundamental exponerlo a experiencias emocionales, físicas e intelectuales positivas.

■ Si quieres ver las cosas desde la perspectiva de tu hijo para entenderlo mejor, puedes intentar ser y sentirte como un bebé.

■ Investiga el mundo tal como lo hace tu hijo.

■ Túmbate sobre la espalda y mira en torno como lo hace tu bebé.

■ Ponte en otro sitio y mira, escucha y huele.

■ Si llevas a cabo esta actividad, te dará muchas ideas sobre juegos a los que puedes jugar con tu bebé para fomentar su desarrollo.

17

Exponer a los bebés a diferentes campos visuales desarrolla su coordinación entre manos y ojos y su equilibrio, capacidades ambas que son necesarias para poder gatear y caminar.

El juego de dar vueltas

- Dar vueltas con tu bebé mejorará su conocimiento del espacio y desarrollará su sentido del equilibrio.

- Prueba a darle vueltas de las siguientes maneras:

  ✓ Sosténlo en tus brazos aguantándole la cabeza mientras giras en círculo.

  ✓ Abrázalo contra ti con su espalda contra tu cuerpo y da vueltas.

  ✓ Sostén al bebé de tal manera que su cara mire a la tuya, y gira dando vueltas.

- Mientras vas dando vueltas en diferentes direcciones, cántale canciones de cuna.

La bicicleta

18

SEGÚN LOS ÚLTIMOS ESTUDIOS:

El cerebro de los bebés prospera gracias a la información transmitida por su entorno, y se desarrolla como órgano capaz de pensar y sentir gracias a sus primeras experiencias.

■ Acuesta al bebé sobre su espalda y muévele las piernas como si estuviese montando en bicicleta.

Nota: Nunca fuerces sus piernas. Si ves que se resiste, prueba otra cosa.

■ Canta canciones de bicicletas como «Un tándem para dos» mientras le mueves las piernas.

■ Si no conoces ninguna canción, crea una propia. He aquí una idea que puedes cantar al son de «¿Dónde están las llaves?»:

Vamos a andar en bici,
bicicleta, bicicleta,
vamos a andar en bici,
bicicleta, sí, señor.

DE 0 A 3 MESES

19

SEGÚN LOS ÚLTIMOS ESTUDIOS:

Es importante reforzar los músculos de los muslos del bebé para que pueda gatear y caminar más adelante.

¡A doblar esas rodillas!

■ Acuesta al bebé sobre su espalda y estírale las piernas con cuidado hasta que queden rectas.

■ Cuando sus piernas están estiradas rectas, da unas palmaditas a las plantas de sus pies.

■ El bebé doblará los dedos de los pies hacia abajo y doblará las rodillas.

■ Mientras juegas a este juego, cántale esta canción al son de «Porque es un chico excelente»:

> *Dobla, dobla las rodillas,*
> *tus rodillas dobla, dobla,*
> *dobla, dobla las rodillas,*
> *y así fuerte estarás.*

■ Acaba la canción con un ¡bravo! o ¡hurra! Tu bebé aprenderá a anticiparlo y eso hará que el juego sea más emocionante.

Cuentos para sacar la lengua

SEGÚN LOS ÚLTIMOS ESTUDIOS:

Hablar con un bebé ayuda a que las neuronas «se conecten» con la parte auditiva del cerebro.

■ Sostén al bebé en brazos con su cara mirando a la tuya.

■ Mírale a los ojos y sácale la lengua. Mientras tienes la lengua fuera, haz ruidos divertidos.

■ Métete la lengua en la boca.

■ Repite de nuevo lo anterior, pero ahora varía el sonido.

■ Los bebés muy pequeños a menudo intentarán sacar la lengua también.

21

La comunicación con tu bebé estimula las neuronas del cerebro para que realice las conexiones vinculadas al desarrollo lingüístico.

Mira, mira

- ■ Mirar fijamente a tu bebé es una actividad divertida. Verás como tu pequeño también te mirará fijamente.

- ■ Cuando hayas conseguido captar su atención, cambia la expresión de tu cara. Sonríe, haz un sonido o mueve la nariz.

- ■ Disfruta de su reacción mientras va observando tu cara. Probablemente notarás su emoción por el hecho de que abrirá más los ojos y comenzará a agitar brazos y piernas.

Cambios de tono

DE 0 A 3 MESES

22

SEGÚN LOS ÚLTIMOS ESTUDIOS:

Cuando los bebés están en el útero, son capaces de distinguir las voces humanas de otros sonidos.

■ Según las investigaciones del cerebro, cuando un bebé oye una voz de tono agudo (tal como el «tono aniñado»), su corazón late más rápido, indicando que se siente alegre y seguro.

■ Cuando hablas en un tono de voz más bajo, tu bebé se siente tranquilo y contento.

■ Intenta cantar una canción en tono agudo y luego repite la misma canción en un tono de voz más bajo. Observa la reacción de tu bebé a los dos sonidos diferentes.

23

SEGÚN LOS ÚLTIMOS ESTUDIOS:

Cantar a los bebés facilita la vinculación de apego que se crea entre el adulto y el niño.

Canciones para cambiar los pañales

- Una manera preciosa de comunicarte con tu pequeño y reforzar el vínculo de afecto entre vosotros es cantarle mientras le cambias el pañal.

- Sonríele mientras cantas.

- Cántale cualquier canción que conozcas, o la siguiente al son de «Arroyo claro»:

> *Te cambio el pañal,*
> *y otro te pongo,*
> *mi bebé está bien limpio,*
> *fresco y cómodo.*

Hablando con tu bebé

SEGÚN LOS ÚLTIMOS ESTUDIOS:

Cuanto más hables con tu bebé, más importantes serán las conexiones que cree para la adquisición del lenguaje.

■ Habla de todo lo que estás haciendo. Describe todos los pasos que realizas mientras te lavas las manos, te vistes, etc.

■ Recita rimas populares y poemas infantiles y canta canciones a lo largo de todo el día.

■ De vez en cuando, varía el sonido de tu voz. Intenta hablar en un tono de voz agudo, bajo, en tono cantarín, en un susurro y con voz muy suave.

25

Los científicos comienzan ahora a darse cuenta de cómo las experiencias de los recién nacidos determinan la manera en que se «conecta» el cerebro humano.

Juego para el cambio de pañales

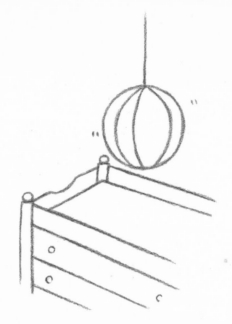

■ El cambiador siempre es un buen sitio para desarrollar las capacidades motoras de los bebés.

■ ¿Por qué no darle cosas interesantes para que las mire mientras le estás cambiando?

■ Puedes colgar una pelota hinchable del techo a una distancia que te permita tocarla a ti pero que quede fuera de su alcance.

■ Mueve la pelota lentamente mientras le estás cambiando el pañal.

■ Tu bebé estará fascinado, y antes de que pase mucho tiempo, intentará estirarse para tocarla.

■ Cuando ya le has cambiado el pañal, sujétalo en tus brazos y deja que toque la pelota.

■ También puedes colgar del techo un móvil con fotos familiares.

Vuélvete

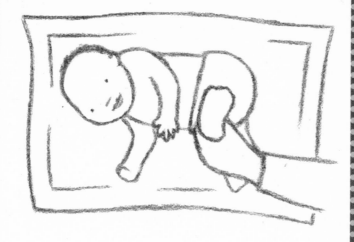

SEGÚN LOS ÚLTIMOS ESTUDIOS:

Al nacer, los bebés mueven sus extremidades con movimientos bruscos y descontrolados. El cerebro va refinando progresivamente los circuitos relacionados con actividades motoras.

■ Acuesta al bebé sobre su espalda en una superficie blanda.

■ Sujétale el tobillo y el muslo y cruza esa pierna sobre la otra. No te preocupes, sus caderas y su torso seguirán el movimiento.

Nota: Nunca fuerces este movimiento.

■ Colócalo de nuevo en su posición inicial.

■ Ahora haz lo mismo con la otra pierna, cruzándola hacia el otro lado.

■ Mientras vas haciendo estos cruces de piernas, di:

Había dos en la cama
buscando cobijo.
Mas uno de ellos dijo:
vuélvete, vuélvete
    (cruza una pierna sobre la otra cuando llegues a esta parte),
y los dos se volvieron,
del otro lado acabaron.

27

Actividades sencillas tales como mecer a un bebé estimulan el desarrollo de su cerebro.

Rueda la pelota

- ■ Las pelotas grandes hinchables son útiles maravillosos para muchos juegos con niños pequeños.

- ■ Una de las cosas que puedes hacer con este tipo de pelota es poner al bebé encima de ella.

- ■ Colócalo con la barriguita contra la pelota mientras lo sostienes por los lados con ambas manos y haz que ruede la pelota lentamente hacia delante y hacia atrás.

- ■ Mientras haces que ruede, cántale una canción como la siguiente al son de «Tengo una muñeca»:

  La pelota rueda,

  rueda hacia mí,

  contigo montado,

  rueda, rueda así.

- ■ Este movimiento de balanceo es muy relajante para los bebés.

De 3 a 6 meses

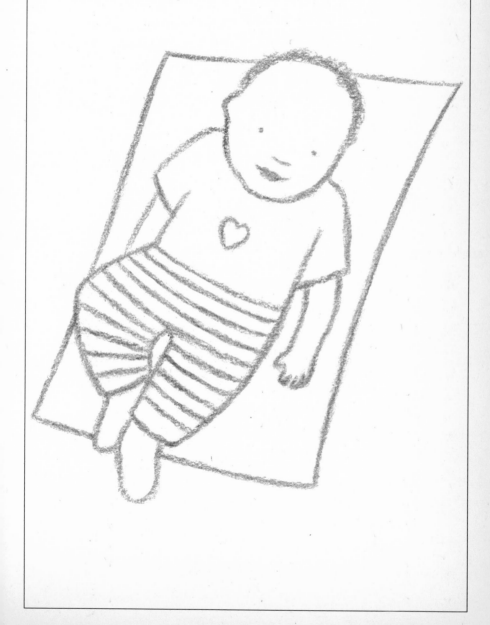

28

Es fundamental ejercitar la vista durante los seis primeros meses de vida.

Mira lo que veo

■ A los bebés les encanta mirar caras y juguetes interesantes.

■ Coge varios juguetes de colores vistosos y muévelos lentamente uno por uno delante de tu bebé para estimular su vista.

■ Durante este período también descubren sus manos; las miran y miran hasta que finalmente averiguan que pueden hacerlas desaparecer y aparecer.

■ Coge las manos de tu bebé y hazlas batir con suavidad delante de su cara. Mientras lo haces, recítale este poema:

Bate, bate palmas,

junta las manos y bate palmas.

Pon tus manos sobre la cara de mamá
    (o el nombre de la persona que juega),

ríe y bate palmas.

¿Quién es ese bebé?

SEGÚN LOS ÚLTIMOS ESTUDIOS:

Decir frases cortas acelera el desarrollo de las aptitudes lingüísticas.

- Siéntate delante de un espejo con tu hijo en el regazo.

- Di: «¿Quién es ese bebé?».

- Saluda con la mano del niño y di: «Hola, bebé».

- Pregunta: «¿Dónde está el pie del bebé?».

- Saluda con el pie del bebé y di: «Hola, pie».

- Sigue haciendo preguntas y moviendo diferentes partes de su cuerpo para contestarlas.

- Agita la cabeza, saluda con la mano, bate palmas, etc.

Toco, toco, toco

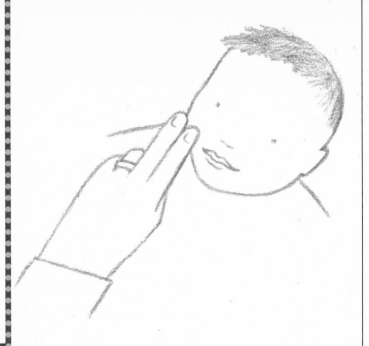

SEGÚN LOS ÚLTIMOS ESTUDIOS:

Los bebés necesitan gran variedad de experiencias táctiles para familiarizarse con su entorno.

- Prueba este juego de tocar al bebé dando golpecitos ligeros con la punta de los dedos.

- Utilizando el dedo índice y el dedo corazón, toca con suavidad diferentes partes de su cuerpo. Nombra cada parte al tocarla.

- Utiliza el siguiente poema como guía:

    Toco, toco, toco,

    la nariz de mi bebé (o llámale por su nombre),

    toco, toco, toco,

    y cada parte me sé.

- Repite este poemilla mientras vas tocando las diferentes partes de su cuerpo.

- Juega a este juego a la inversa; coge sus dedos y haz que te toque a ti.

Vamos a mirar

**SEGÚN LOS
ÚLTIMOS
ESTUDIOS:**

Los cuidados
amorosos
proporcionan un
estímulo
emocional muy
positivo para el
cerebro de un
bebé.

■ Piensa en todos los sitios que pueden servir como lugares de observación.

■ Si los bebés pueden observar cosas que se mueven, se sienten contentos.

■ Para ellos es muy divertido mirar cómo funciona una lavadora de carga frontal o una secadora.

■ Las ventanas desde las cuales se ven árboles son puntos de observación fantásticos, pero también puedes sentarte con tu hijo en un jardín para que reciba un montón de estímulos maravillosos.

   ✓ Observa a los pájaros que vuelan de un lado a otro.
   ✓ Mira pasar los coches por una calle.
   ✓ Fíjate en las ramas de un árbol cuando el viento las mece.

■ Tómate tu tiempo para sentarte con el bebé y mirar las cosas juntos. Al tenerte a su lado, tu hijo se sentirá más cómodo y seguro mientras va descubriendo las maravillas del mundo.

32

Acariciar y tocar al bebé son actos que le hacen sentirse seguro y a salvo, lo cual ayuda a que tenga confianza en sí mismo y a que pueda ser independiente en el futuro.

Nariz contra nariz

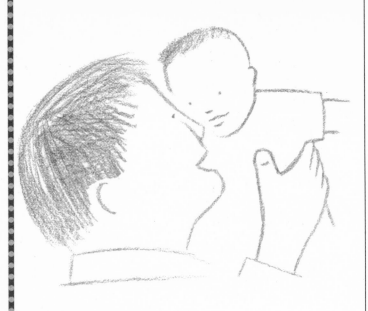

- ■ Alza al bebé en el aire y dile: «Nariz, nariz contra nariz».

- ■ Cuando digas «contra», bájalo hasta que su cara esté delante de ti y frota su nariz contra la tuya.

- ■ Repite este juego, siempre frotando narices cuando digas la palabra «contra».

- ■ Una vez hayas jugado a este juego varias veces, puedes decir «froto» más de una vez seguida, siempre frotando su nariz contra la tuya al decir esta palabra.

- ■ Por ejemplo, di: «Froto, froto, froto tu nariz».

¿Dónde está mi bebé?

DE 3 A 6 MESES

SEGÚN LOS ÚLTIMOS ESTUDIOS:

Para poder llegar a gatear, los bebés deben desarrollar su fuerza y su sentido del equilibrio.

■ Este juego fortalece la espalda y el cuello.

■ Tiéndete en el suelo sobre la espalda y pon al bebé sobre tu estómago.

■ Rodea su pecho con tus manos y álzalo en el aire hasta que tenga su cara delante de la tuya.

■ Di lo siguiente mientras realizas las acciones correspondientes:

> *¿Dónde está mi bebé?*
>
> *¡Aquí está!* (Álzalo hacia tu cara.)
>
> *¿Dónde está mi bebé?* (Bájalo de nuevo a tu estómago.)
>
> *¡Aquí está!* (Álzalo de nuevo hacia tu cara.)
>
> *¿Dónde está mi bebé?* (Bájalo de nuevo a tu estómago.)
>
> *Aquí, muy alto, muy alto.* (Estira los brazos y levántalo por encima de tu cara.)

Arriba, arriba

SEGÚN LOS ÚLTIMOS ESTUDIOS:

Hacer ejercicio permite al cerebro afinar los circuitos relacionados con el desarrollo motor.

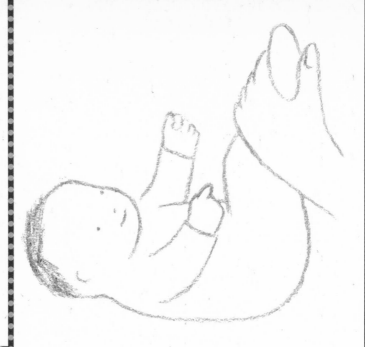

■ Si ejercitas los brazos y las piernas de tu bebé, ayudarás a desarrollar sus músculos y su coordinación motora.

■ Éste es un buen juego para jugar con el niño mientras está tendido sobre la espalda.

■ Levántale una pierna con suavidad mientras recitas esta rima:

Arriba, arriba, arriba vas,

abajo, abajo, abajo estás. (Vuelve a bajarle la pierna.)

Nota: Nunca fuerces ningún movimiento. Si el bebé se resiste, prueba este juego en otra ocasión.

■ Repítelo con la otra pierna.

■ Haz lo mismo con cada brazo.

■ Inténtalo con ambos pies a la vez.

■ Luego hazlo con ambos brazos al mismo tiempo.

El juego de las piernas

SEGÚN LOS ÚLTIMOS ESTUDIOS:

El ejercicio fortalece los músculos grandes necesarios para que los bebés puedan comenzar a andar.

■ Tiende al bebé sobre una superficie firme.

■ Sujétale los tobillos y endereza sus piernas mientras le recitas la siguiente rima:

> *Uno, dos, tres,*
> *dobla tus rodillas a la vez.*
> *Uno, dos, tres,*
> *dobla tus rodillas a la vez.*

Nota: Si el bebé se resiste, para inmediatamente. Nunca fuerces ningún movimiento.

■ Canta esta letra sencilla al son de cualquier melodía que se te ocurra, o invéntate una. Captará la atención de tu bebé y al mismo tiempo desarrollará sus aptitudes lingüísticas.

36

Los vínculos
afectivos ayudan
al bebé a tener
confianza.

Las escaleras mecánicas

■ Sujeta los dedos de tu hijo y levanta sus brazos con suavidad mientras le recitas la siguiente rima:

> *Por las escaleras mecánicas*
> *va subiendo una hormiga,*
> *arriba, arriba, arriba.*
> *Por las escaleras mecánicas*
> *baja una vaca sin badajo,*
> *abajo, abajo, abajo.*

■ Ahora tiéndelo en el suelo y levántale las piernas mientras le vuelves a recitar la rima.

■ Sigue levantando diferentes partes de su cuerpo mientras le repites la misma rima.

■ Intenta acabar el juego alzándolo en el aire un par de veces.

■ Cada vez que baje las escaleras mecánicas, dale un beso.

Diálogo a dos

DE 3 A 6
MESES

SEGÚN LOS
ÚLTIMOS
ESTUDIOS:

Un bebé cuyos
gorjeos y
balbuceos son
recibidos con
sonrisas
seguramente será
maduro
emocionalmente.

■ A esta edad los bebés hacen muchos sonidos. Imita los que hace el tuyo; estos sonidos sencillos luego se convertirán en palabras.

■ Coge las sílabas que tu bebé forma, tales como «ba ba» o «ma ma», y conviértelas en frases: «Ma má te quiere», «Ba ba, dice la oveja».

■ Penelope Leach, experta en el desarrollo infantil, dice: «Tu hijo puede hacer cientos de sonidos a lo largo del día, pero si tú aplaudes y vitoreas cuando dice "ma ma" o "pa pa", repetirá esos sonidos porque te hacen feliz».

■ Cuanto más repitas los sonidos de tu bebé, más aliciente tendrá para hacer nuevos sonidos.

■ No cabe duda de que eso es el inicio de una conversación.

38

Los bebés de sólo cuatro días ya son capaces de distinguir un idioma de otro y muy pronto empiezan a mostrar interés por los sonidos (o palabras) que tienen importancia dentro de su contexto.

Grabemos sonidos

■ Graba los balbuceos de tu hijo.

■ Pon la cinta con los sonidos y observa cómo reacciona.

■ ¿Los sonidos emocionan a tu bebé? ¿Intenta responder a lo que oye?

■ Si tu bebé disfruta escuchando la grabación, puedes probar con otro tipo de sonidos, como los de la naturaleza.

■ Ese tipo de entorno lleno de estímulos da pie a que después adquiera buenas aptitudes lingüísticas.

Vamos a conversar

39

SEGÚN LOS ÚLTIMOS ESTUDIOS:

El número de palabras que un bebé escucha cada día influye sobre su inteligencia, sus modales sociales y sus logros académicos en el futuro.

- Comienza una conversación con tu bebé. Dile una frase corta como: «Hace un día espléndido».

- Cuando el bebé te responde con un gorjeo o balbuceo, para de hablar y mírale a los ojos.

- Mientras te va hablando, responde con una sonrisa o un movimiento de cabeza.

- Eso le indica al bebé que le estás escuchando atentamente y disfrutando de sus sonidos.

- Continúa con otra frase. Siempre para de hablar a fin de escuchar la respuesta de tu bebé.

- Cuando le haces saber que le escuchas y te gusta lo que te dice, estás desarrollando sus aptitudes lingüísticas y su confianza en sí mismo.

40

La «conversación» que recibe respuesta aumenta el vocabulario del bebé.

Lee mis labios

- A los tres meses, tu bebé puede estar haciendo un montón de sonidos increíbles. Cuando respondes a sus sonidos, le alientas a hablar aún más.

- Pon sus dedos sobre tus labios cuando repitas los sonidos que hace y deja que sienta cómo se mueven y cómo se escapa el aire de tu boca.

- Pon tus dedos sobre sus labios y aliéntale para que haga más sonidos.

Be be be, bebé, oo

**SEGÚN LOS
ÚLTIMOS
ESTUDIOS:**

Hablar y cantar a
un bebé acelera
de manera
significativa su
aprendizaje de
nuevas palabras.

■ Canta cualquier canción utilizando un sonido en vez de palabras.

■ Escoge un sonido que tu bebé esté haciendo, probablemente
«ma» o «ba».

■ Canta canciones utilizando esos sonidos únicamente y unas
cuantas palabras.

■ Por ejemplo, canta lo siguiente al son de «En la granja de mi tío»:

> Be be be, bebé oo,
> be be be be o.
> Be be be, bebé oo
> be be be be o.

■ Otras canciones que podrías cantar así son: «Tengo una muñeca»,
«San Serenín», «Cu-cú, cantaba la rana» y «Los peces en el río».

■ Cuanto más repitas los sonidos que está haciendo tu bebé, más
sonidos hará.

SEGÚN LOS ÚLTIMOS ESTUDIOS:

Repetir las mismas capacidades motoras una y otra vez refuerza los circuitos nerviosos que van de las zonas cognitivas del cerebro a las zonas motoras hasta llegar a los nervios que mueven los músculos.

Vamos a patalear

■ Patear y patalear desarrolla las capacidades motoras y además es algo que les encanta hacer a los bebés.

■ Ata cordones u otras cosas sueltas de colores vivos a los tobillos de tu hijo y observa cómo patalea y disfruta.

■ Hay muchos calcetines o botines infantiles con colores llamativos que les encanta mirar a los bebés mientras patalean.

■ Sosténlo en brazos y pon al alcance de sus pies un sonajero o unos cascabeles.

■ Enséñale a patear el sonajero y los cascabeles.

Panza arriba, panza abajo

SEGÚN LOS ÚLTIMOS ESTUDIOS:

El uso repetido de los músculos de los brazos y del pecho del bebé aumenta su fuerza y su elasticidad para que pueda darse la vuelta.

■ Si ayudas al bebé a darse la vuelta de boca abajo a boca arriba, le estarás ayudando a desarrollar el pecho y los músculos de los brazos. Este juego es divertido y además le anima a darse la vuelta.

■ Pon a tu hijo panza abajo sobre una superficie blanda y lisa. Los suelos con moqueta o el centro de las camas son dos sitios aptos para este juego.

■ Coge un osito de peluche y sosténlo delante de su cara mientras lo vas moviendo para captar su atención. Puedes recitarle este poema mientras haces que el osito bailotee delante de él:

> *Osito, osito, date la vuelta así.*
> (Haz que el osito se dé la vuelta.)
>
> *Osito, osito, mírame a mí.*
> (Haz que te mire.)

■ Cuando sepas que tu bebé está mirando el osito, muévelo hacia un lado para que los ojos del bebé y todo su cuerpo se desplacen también.

■ Repite el poema, moviendo el osito cada vez. Si tu hijo se cansa del juego, intenta jugarlo otro día.

**SEGÚN LOS
ÚLTIMOS
ESTUDIOS:**

Cuando el ritmo, el movimiento y la vinculación afectiva intervienen en la misma actividad, el cerebro está haciendo un montón de conexiones, lo cual seguramente favorecerá el desarrollo posterior del bebé.

El bebé bailarín

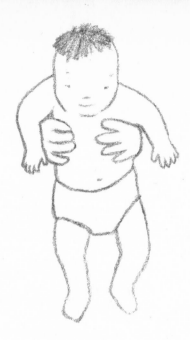

■ La melodía de la canción popular «La pastora» te puede servir para animar a tu bebé a bailar y moverse.

■ Sujétalo firmemente por debajo de los brazos y muévelo con suavidad sobre una superficie blanda como si bailara.

■ Haz los movimientos indicados mientras le cantas esta letra:

El bebé bailarín,

larán, larán, larito (haz que baile tres pasitos),

¿qué puedo hacer con él?,

sentarlo aquí quietito (siéntalo en tu regazo)

y darle un besito. (Dale un beso.)

El bebé bailarín... (Repite los movimientos de baile e invéntate otras acciones.)

La comadreja

DE 3 A 6
MESES

45

SEGÚN LOS
ÚLTIMOS
ESTUDIOS:

Escuchar música
ayuda a que se
conecten
circuitos
nerviosos en el
cerebro.

■ Los bebés disfrutan con la música y el ritmo. Cuando estaban en el útero, sentían los latidos del corazón y los sonidos de la sangre moviéndose por todo el cuerpo.

■ Coge dos palos o cucharas de madera y golpéalos entre sí mientras cantas una canción con un ritmo muy pronunciado, como el de «Una sardina».

■ Adapta la canción popular «La chata merengüela» y haz que una comadreja sea la protagonista:

> La comadreja salta, sí, sí, sí,
>
> salta y se escapa, no la veo aquí.
>
> La comadreja se va y, ZAS, no la veremos más, ¡JAMÁS!

■ Golpea los dos palos juntos suavemente y cuando llegues a ZAS, golpéalos con más fuerza, al igual que con JAMÁS. Pronto tu bebé estará anticipando ese sonido más fuerte.

■ Ahora ayúdale a que sujete los palos y canta la canción de nuevo mientras los va aporreando.

SEGÚN LOS ÚLTIMOS ESTUDIOS:

Cantar y bailar con tu bebé son algunas de las mejores actividades que se pueden hacer para desarrollar su cerebro.

Un, dos, tres

■ Aprieta al bebé contra tu cuerpo y muévete por toda la habitación mientras cantas tus canciones favoritas. Cualquier canción sirve mientras sea una que te guste y que disfrutes cantando.

■ Tu bebé se dará cuenta de que estás contenta y eso le hará feliz también.

■ Intenta una cadencia de marcha y di: «Un, dos, tres, un, dos, tres...» mientras vas marchando por toda la habitación.

■ También puedes mecerte de lado a lado, caminar de puntillas, dar vueltas o dar largos pasos de baile.

Vamos a botar

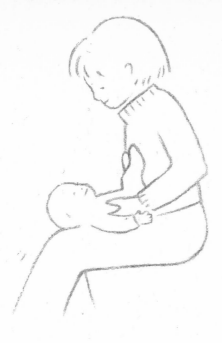

■ Los juegos para botar son muy divertidos para los bebés, y además resultan muy importantes para ayudarles a desarrollar su sentido del equilibrio, que es básico para poder gatear y caminar.

■ Puedes hacer botar a tu bebé de muchas maneras: puede estar sentado en tu regazo, con la barriguita sobre tus rodillas, con la espalda contra tus rodillas, o sentado y meciéndose de lado a lado.

Nota: Siempre debes tener bien cogido al bebé mientras lo estás haciendo botar.

■ Esta rima tradicional para botar es muy divertida:

Alicia se fue a París
en un caballito gris.
Al paso, al paso, al paso (bota despacio),
al trote, al trote, al trote (bota un poco más rápido),
al galope, al galope, al galope (bota más rápido y más alto).
En un caballito azul
Lolita se fue a Estambul. (Repite el estribillo.)

**SEGÚN LOS
ÚLTIMOS
ESTUDIOS:**

Hablar de forma teatral fomenta la expresión emocional de los bebés, lo cual activa el cerebro para que libere sustancias químicas que ayudan a desarrollar la memoria.

El tren, chu-chú

■ Mientras le recitas la siguiente rima, sube los dedos a lo largo de su brazo y luego haz el mismo recorrido para abajo:

> *El tren, chu-chú,*
> *por la vía va subiendo.*
> *Chu-chu-chú,*
> *ya baja corriendo.*

■ Repite la rima con el otro brazo.

■ Sé teatral cuando digas «chu-chú» y verás como pronto tu bebé intentará hacer ese sonido.

Vamos al columpio

**SEGÚN LOS
ÚLTIMOS
ESTUDIOS:**

Los bebés tienen
muchos genes y
gran cantidad de
sinapsis
cerebrales que
les permiten
aprender música
inmediatamente.

■ El acto de columpiarse es muy atractivo para los pequeños.

■ Si mientras te columpias con tu bebé le recitas poemas o le
cantas canciones, desarrollará el sentido del ritmo y otros
circuitos cerebrales muy importantes.

■ Siéntate en un columpio con tu hijo en el regazo. Recítale este
poema mientras os vais columpiando:

> *Para delante y para atrás,*
> *colúmpiate que te columpiarás,*
> *para delante y para atrás,*
> *para delante y para atrás.*

■ Cualquier otro poema que se te ocurra puede servir.

Meneos y gateos

SEGÚN LOS ÚLTIMOS ESTUDIOS:

Los meneos y gateos fomentan la formación de sinapsis cerebrales que en el futuro desarrollarán las aptitudes de motricidad gruesa.

- Los bebés se menean y se mueven constantemente. Estos meneos y empujes hacia delante les están preparando para gatear.

- Pon al bebé boca abajo y túmbate en el suelo delante de él.

- Coloca un juguete que le guste frente a él pero alejado para que no lo pueda coger.

- Mueve el juguete (una pelota con un cascabel en su interior va muy bien) para delante y para atrás.

- Cuando intente llegar a la pelota, seguramente se empujará un poco hacia ella.

- Dale la oportunidad de recuperar la pelota y alaba sus esfuerzos con entusiasmo.

- Este tipo de éxito desarrolla su confianza en sí mismo.

Empuja con los pies

51

Ejercita las aptitudes de motricidad fina y gruesa al mismo tiempo, pues se desarrollan de manera independiente.

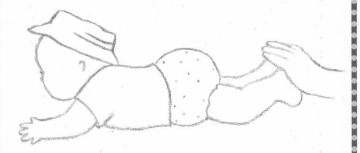

- Coloca al bebé sobre su estómago.

- Ponte detrás de él y apoya las manos sobre las plantas de sus pies.

- Cuando sienta tus manos, intentará ir hacia delante empujando sus pies contra ti.

- Éste es un ejercicio de preparación para gatear.

- A veces necesitará que le empujes suavemente.

- Mientras estás presionando sus pies ligeramente, recítale el siguiente poema:

> *Con tus pies bonitos empuja, empuja, empuja,*
> *con tus pies bonitos empuja, empuja, empuja,*
> *con tus pies bonitos empuja, empuja, empuja.*
> *Empuja y empuja, empuja hasta Cartuja.*

Repetir una
habilidad motora
constantemente
hará que se
desarrollen los
circuitos
nerviosos que
van de las zonas
pensantes del
cerebro al córtex
motor y luego
hasta los nervios
que mueven los
músculos.

Cambio de manos

■ Durante este período, tu bebé puede comenzar a pasar un objeto de una mano a otra.

■ Puedes reforzar los circuitos nerviosos de su cerebro practicando este cambio de manos. Este juego desarrolla las aptitudes de motricidad fina y su coordinación óculo-manual.

■ Coloca un sonajero pequeño en una de sus manos.

■ Agita la mano con el sonajero.

■ Enséñale a pasar el sonajero de una mano a la otra. Éstos son los pasos:

✓ Pon su mano vacía sobre el sonajero. Automáticamente lo agarrará.

✓ Suelta los dedos de la primera mano que tenía el sonajero y dales un beso.

¡Qué luz tan bonita!

SEGÚN LOS ÚLTIMOS ESTUDIOS:

Cuando un bebé mira objetos que se mueven, las neuronas de su retina se conectan a otras neuronas de la zona del cerebro relacionada con la vista. El bebé está literalmente «conectando» su vista.

■ Si quieres jugar con luz y colores, cubre el foco de una linterna con un plástico de color vivo.

■ Sujeta al bebé en brazos y enciende la linterna.

■ Muévela lentamente y observa cómo sigue la luz con la mirada.

■ Háblale mientras mueves la luz.

> *Mira la luz,*
> *mira la luz.*
> *¡Qué luz tan bonita!*

■ Puedes jugar con plásticos de diferentes colores, o sólo con la luz de la linterna. Esta actividad no sólo vale la pena por lo mucho que la disfrutan los bebés, sino también porque les ayuda a hacer conexiones en su cerebro.

SEGÚN LOS ÚLTIMOS ESTUDIOS:

Las experiencias que vive un bebé durante los primeros meses de vida tienen un impacto determinante sobre la manera en que se configura su cerebro y sobre su capacidad cerebral futura.

¿Dónde está el juguete?

■ Coge el juguete favorito de tu hijo, pónselo delante y después escóndelo.

■ Anímale a buscar el juguete. Haz preguntas como: «¿Está en el cielo?» y mira para arriba.

■ Pregunta: «¿Está en el suelo?» y mira hacia abajo.

■ Pregunta: «¿Está en mi mano?». «Sí, aquí está.»

■ A medida que tu bebé crezca, comenzará a buscar el juguete tan pronto como haya desaparecido.

■ Una vez empiece a prestar más atención al paradero del juguete, se pondrá a seguir todos tus movimientos en cuanto comiences a esconderlo.

De 6 a 9 meses

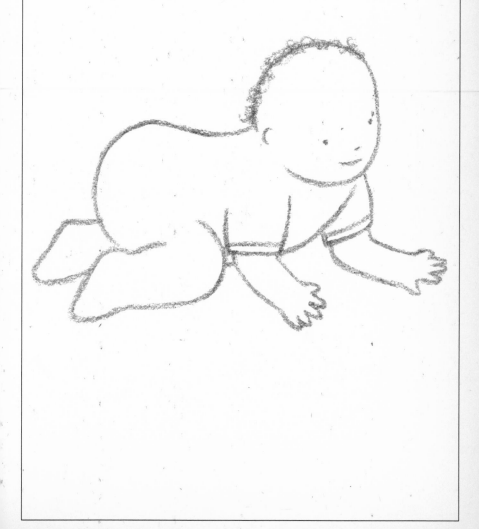

**SEGÚN LOS
ÚLTIMOS
ESTUDIOS:**

Ya que las
neuronas de la
vista comienzan
a formarse desde
muy pronto, es
necesario que los
bebés tengan
experiencias
visuales que les
estimulen.

Juegos delante del espejo

■ Parece ser que cuanto más ve un bebé, más quiere ver.

■ Mirarse al espejo es muy divertido y le da a tu hijo otra perspectiva de quién es.

■ Aquí tienes unas cuantas ideas de cosas que puedes hacer con tu bebé delante de un espejo de cuerpo entero.

✓ Sonríe.

✓ Agita diversas partes del cuerpo.

✓ Haz caras y acompáñalas de sonidos divertidos.

✓ Haz ruidos con la boca.

✓ Mécete para delante y para atrás.

Todo tipo de sonidos

SEGÚN LOS ÚLTIMOS ESTUDIOS:

El corazón de los bebés late más deprisa cuando sus padres les miran a los ojos y les hablan con voz melódica.

■ Expón al bebé a una gran variedad de sonidos.

■ Haz sonidos con la boca y apoya los dedos de tu bebé sobre tu boca mientras haces ruidos.

   ✓ Zumba como una abeja.

   ✓ Canturrea.

   ✓ Llena las mejillas de aire y expúlsalo con fuerza.

   ✓ Haz el sonido de una sirena.

   ✓ Tose.

   ✓ Finge que estornudas.

■ Aplasta diferentes tipos de papel. El papel de embalaje, el celofán y el papel de seda hacen sonidos interesantes.

¿Dónde está el sonido?

- La capacidad auditiva es algo que se va desarrollando con la edad y con la experiencia.

- Jugar a juegos que agudizan los conocimientos auditivos de tu bebé ayudará a que forme conexiones en su cerebro.

- Coge un juguete musical de cuerda y escóndelo para que tu hijo no lo vea.

- Dale cuerda y cuando suene pregúntale: «¿Dónde está la música?».

- Cuando se vuelva hacia el sonido, alábale con entusiasmo.

- Repite este juego en diferentes partes de la habitación.

- Si ya sabe gatear, puedes esconder el juguete musical bajo un cojín o en otro lado al que pueda acceder para llegar a la música.

Jugando con cacerolas

SEGÚN LOS ÚLTIMOS ESTUDIOS:

Las primeras experiencias positivas determinan cuán complejas serán las conexiones de los circuitos nerviosos en el cerebro.

- Jugar con cacerolas es una buena manera de enseñar a tu bebé un montón de cosas nuevas.

- Pon una cacerola boca abajo en el suelo con un muñeco en su interior.

- Di: «Uno, dos, tres, aquí vamos otra vez» y levanta la cacerola para que quede al descubierto el muñeco.

- Tu bebé estará encantado y querrá hacerlo una y otra vez.

- Ahora esconde el juguete y ayúdale a levantar la cacerola.

- El siguiente paso es darle la vuelta a la cacerola. Enséñale cómo hacerlo y ayúdale a intentarlo por su cuenta.

- Cuando pongas la cacerola boca arriba, coge el mismo juguete y déjalo caer en su interior.

59

Ejercitar los
músculos de
motricidad fina
fomenta el
desarrollo del
cerebro.

Run tun tun

■ A los bebés les fascina coger cosas con las manos y aporrearlas contra una superficie. Esto es excelente para su coordinación motora y además es muy divertido.

■ Dale una cuchara de madera y anímale a que la golpee contra el suelo.

■ Canta tus canciones favoritas mientras los dos vais aporreando las cucharas contra el suelo.

■ Intenta golpear la cuchara contra el suelo siguiendo el ritmo de este poema:

> *Run tun tun,*
> *run tun tun,*
> *según el tambor,*
> *según el tun tun.*

Sonajeros para bebés

SEGÚN LOS ÚLTIMOS ESTUDIOS:

El doctor Edwin Gordon, reconocido especialista en teoría del aprendizaje musical, afirma que los bebés tienen gran cantidad de genes y sinapsis que les permiten aprender música inmediatamente.

■ Pon unos botones dentro de una lata metálica. Cierra la tapa con cinta adhesiva para que el bebé no la pueda abrir.

■ Agita la lata y escucha el sonido. Observa los ojos de tu pequeño abrirse aún más por la emoción.

■ Dale el sonajero y deja que lo agite mientras tú vas cantando canciones conocidas.

■ Intenta cantar «En la granja de mi tío» mientras agitáis el sonajero y hacéis ruidos de animales juntos. ¡Esto es muy divertido para los bebés!

■ También puedes convertir una botella de plástico transparente en un sonajero. A tu hijo le encantará ver las piedrecitas o los botones moverse mientras agita la botella.

■ Un manojo de cucharas de medir también es un buen sonajero.

61

SEGÚN LOS ÚLTIMOS ESTUDIOS:

A los bebés les hace falta poder tocar y que les toquen para desarrollar su cerebro y su cuerpo. Para ellos estas experiencias son tan necesarias como los alimentos y las vitaminas.

Uno, dos

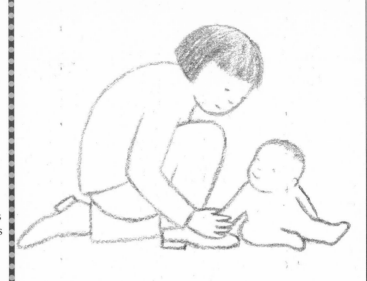

■ Invéntate rimas mientras sujetas la mano de tu bebé y vas tocando diferentes partes de tu cuerpo con ella.

■ He aquí unas ideas:

> *Uno, dos, toca mis dedos.*
>
> *Amarillo y rojo, toca mi ojo.*
>
> *Sin aspereza, toca mi cabeza,*
>
> *Elo, elo, toca mi pelo.*

■ Cada vez que menciones la parte del cuerpo, pon su mano sobre esa parte. Por ejemplo, cuando digas: «A ratos, a ratos, toca mis zapatos», pon su mano encima de tu zapato.

■ Juega a este juego a la inversa y toca al bebé mientras dices las diferentes rimas.

Cinco lobitos

SEGÚN LOS ÚLTIMOS ESTUDIOS:

Las oportunidades de desarrollo lingüístico que brindan las canciones y los juegos con las manos resultan fundamentales para el crecimiento del cerebro.

■ Cántale esta canción popular mientras tocas cada uno de sus dedos.

■ En el último verso, saluda con su manita.

> *Cinco lobitos*
> *tiene la loba,*
> *cinco lobitos*
> *detrás de la escoba.*
>
> *Cinco lavó,*
> *cinco peinó,*
> *y a los cinco*
> *al colegio mandó.*

■ Tu bebé responderá a tu tacto y voz.

**SEGÚN LOS
ÚLTIMOS
ESTUDIOS:**

El cerebro de
cada bebé va
formando a su
propio ritmo las
conexiones de
músculos y de
neuronas
necesarias para
sentarse, gatear,
caminar y hablar.

Juguemos a la pelota

- ■ Tan pronto como tu bebé pueda sentarse sin problemas, prueba a rodar una pelota hacia él.

- ■ Una pelota blanda de tela servirá muy bien para comenzar.

- ■ Rueda la pelota con suavidad hacia él y enséñale cómo cogerla.

- ■ Los bebés disfrutan mucho con este juego y se emocionan cuando ven que la pelota viene hacia ellos.

- ■ Canta una versión adaptada de «La chata merengüela» mientras ruedas la pelota.

  La pelotita rueda, sí, sí, sí,
  rueda y rueda, rueda hacia mí.
  La pelota viene rodando y viene hacia mí, sí, sí.

- ■ Este juego desarrolla la destreza motora.

Mi pequeño ya bota

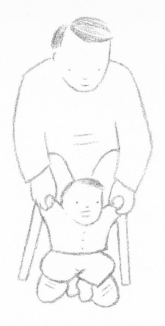

SEGÚN LOS ÚLTIMOS ESTUDIOS:

Un entorno cariñoso sienta las bases para crear circuitos que fomenten la estabilidad emocional, mientras que situaciones constantes de estrés crean conexiones en el cerebro que desencadenan el miedo.

■ Siéntate en una silla con la espalda recta. Cruza las piernas y sienta al bebé sobre tus tobillos.

■ Sujétale las manos y mueve tus piernas para arriba y para abajo.

■ Cántale sus canciones favoritas mientras lo haces botar, o cántale esta canción al son de «La Tarara»:

> *Mi pequeño bota,*
> *él ya bota arriba,*
> *él ya bota abajo,*
> *bota con gracia.*
>
> *Mi pequeño bota*
> *como una pelota,*
> *mi pequeño bota*
> *y baila la jota.*
>
> *¡Bravo!* (Sostén tus piernas en el aire dos segundos y después bájalas de sopetón.)

65

SEGÚN LOS
ÚLTIMOS
ESTUDIOS:

Los bebés que son acariciados y abrazados, es decir, los que tienen sus necesidades emocionales cubiertas, tienen más probabilidades de mostrar un comportamiento cariñoso en el futuro.

Mejillitas

■ Tocar a tu bebé mientras le hablas ayuda a que se cree un vínculo de confianza y apego entre los dos.

■ Recítale esta rima:

> *Mejillitas* (toca sus mejillas),
>
> *barbillita* (toca su barbilla),
>
> *y por aquí entra la comidita* (toca su boca).
>
> *Naricita* (toca su nariz),
>
> *ojitos* (toca sus ojos),
>
> *ahora beso los dedos de tus pies tan bonitos* (besa sus pies).
>
> *Jackie Silberg*

■ Esta rima es excelente para el desarrollo lingüístico y al mismo tiempo fomenta vuestro vínculo afectivo.

Títere, escóndete

Cada juego del escondite ayuda a reforzar o a poner en marcha miles de conexiones entre las células del cerebro, fomentando el desarrollo de todo el complejo sistema de conexiones que seguramente se mantendrán a lo largo de toda la vida del niño. Estas conexiones son más difíciles de establecer a medida que pasa el tiempo.

- A los niños les encanta mirar títeres y jugar con ellos.

- Ponte un títere en la mano y escóndelo a tu espalda.

- Saca el títere de detrás de tu espalda y di: «Hola, (el nombre de tu bebé)».

- Vuelve a esconderlo.

- Sigue jugando a este juego hasta que tu pequeño comience a anticipar que el títere va a salir de un lugar en concreto.

- Ahora prueba con el títere saliendo de distintos lados: por encima de tu cabeza, por encima de su cabeza, por debajo de un brazo, etc. Ponlo siempre cerca de su cara cuando el títere le saluda.

- Ahora dale el títere a él y mira si intenta imitarte.

67

Los juegos del escondite enseñan a los bebés que los objetos que desaparecen vuelven a aparecer. El vínculo fuerte de amor que estableces con tu hijo o hija le ayuda a resistir los desconciertos y el estrés de la vida cotidiana.

Cu-cú

- ■ Siéntate en el suelo con tu bebé o ponlo en una silla delante de ti.

- ■ Cúbrete la cara con una toalla.

- ■ Di «cu-cú» cuando te quites la toalla de la cabeza y muestres tu cara al bebé.

- ■ Este juego normalmente provoca risotadas, y cuanto más lo juegas, más divertido es.

- ■ Ahora intenta cubrirle la cabeza con la toalla y tirar de ella para verle la cara.

- ■ Puedes cubrirle la cabeza con la toalla y dejar que sea él quien se la quite.

- ■ Acuérdate de decir «cu-cú» cada vez que te quitas la toalla.

¿Dónde está la pelota?

SEGÚN LOS ÚLTIMOS ESTUDIOS:

Un estudio de la Universidad de Alabama ha comprobado la efectividad de actividades y juegos tradicionales (como jugar con cuentas, al escondite o con bloques de madera) en relación con el desarrollo cognitivo, motor y lingüístico.

■ Tiéndete en el suelo con tu hijo.

■ Coge una pelota pequeña (o algún otro juguete) con una mano y háblale de ese objeto.

■ Esconde la pelota fuera de su vista: detrás de una silla, en tu bolsillo, etc.

■ Pregúntale: «¿Dónde está la pelota?».

■ Saca la pelota y di «cu-cú».

■ Sigue jugando a este juego, cambiando el escondite de la pelota cada vez.

69

Jugar al escondite y otros juegos parecidos son la base para el desarrollo lingüístico, y además enseñan a los bebés a comunicarse cara a cara.

Cu-cú ruidoso

- ■ Sienta al bebé en su sillita alta delante de ti.

- ■ Sostén una servilleta grande delante de tu cara.

- ■ Cuenta: «Uno, dos, tres».

- ■ A la de «tres», aparta la servilleta de tu cara y haz un sonido divertido.

- ■ Podrías hacer sonidos como:

  - ✓ gu, gu, gu

  - ✓ chasquear la lengua

  - ✓ expulsar el aire comprimiendo los labios

- ■ Tu bebé se lo pasará muy bien y se reirá mucho. Ya verás cómo disfruta.

Bebé, bebé, ¿qué es lo que ves?

70

SEGÚN LOS ÚLTIMOS ESTUDIOS:

Hablarle mucho a un bebé desde su más tierna infancia le ayudará sin duda a aprender a hablar.

■ Recítale esta rima a tu pequeño y haz las acciones indicadas:

Bebé, bebé, te meces en la cuna (mécele en tus brazos),

y te meto en la cama a la de una. (Acuéstalo sobre la espalda.)

Bebé, bebé, sonríe a papá (acerca tu cara a la suya y sonríele),

gira la cabeza y mira para acá. (Muévele la cabeza con suavidad de lado a lado.)

Bebé, bebé, juguemos al escondite. (Tápate los ojos con las manos.)

¿Y ahora quieres que las manos me quite? (Aparta las manos de los ojos.)

Bebé, bebé, ¿qué es lo que ves? (Acerca tu cara a la suya.)

Mi cara, mi cara, a la de tres. (Dale un gran abrazo.)

Jackie Silberg

DE 6 A 9 MESES

71

SEGÚN LOS ÚLTIMOS ESTUDIOS:

Aunque los juegos para batir palmas y jugar al escondite parecen juegos muy sencillos, en realidad son actividades que comunican unas reglas complejas sobre tomar turnos y aprender a esperar.

¡Qué divertido es esconderse!

■ Hay muchos tipos de juegos para jugar al escondite, todos ellos muy divertidos para los bebés.

■ Uno de sus favoritos es taparse la cara con las manos y después destaparse.

■ Este método de jugar al escondite enseña a tu bebé que aunque no te puede ver, tú sigues estando ahí.

■ Este juego es muy importante para establecer conexiones en el cerebro. Tu bebé se desarrollará intelectualmente al jugarlo.

■ Otras maneras de jugar al escondite son:

✓ Tapar los ojos de tu bebé con sus manos y después apartarlas para verle la cara.

✓ Sostener un pañal entre los dos y mirar a hurtadillas por los lados y por encima del pañal.

✓ Cubrirte la cabeza y la cara con el pañal y después apartarlo para que te vea tu pequeño.

Música para hacer cu-cú

DE 6 A 9 MESES

72

SEGÚN LOS ÚLTIMOS ESTUDIOS:

Las células del cerebro crean nuevas conexiones y refuerzan las existentes con juegos del escondite.

■ Canta esta canción al son de «Fray Santiago»:

> *Mi pequeño, mi pequeño,*
> *¿duermes ya, duermes ya?*
> *Ahora te despiertas,*
> *ahora te levantas,*
> *cu-cu-cú,*
> *cu-cu-cú.*

■ Utiliza esta canción para jugar al escondite.

■ Tápate los ojos mientras cantas «¿duermes ya?».

■ Cuando cantes «Ahora te despiertas», coge las manos de tu pequeño y estíralo hacia arriba con suavidad.

■ Al cantar «cu-cu-cú», mueve sus manitas o bate palmas con ellas.

73

SEGÚN LOS
ÚLTIMOS
ESTUDIOS:

Los juegos
interactivos
preparan a los
bebés para
relaciones más
complejas a lo
largo de su vida.

¿Dónde estoy?

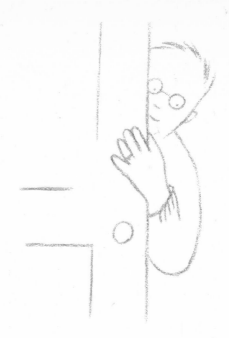

- A medida que los bebés toman conciencia de su entorno, sus aptitudes visuales van mejorando constantemente.

- Juega al escondite con tu bebé.

- Escóndete parcialmente detrás de una silla o una puerta, pero siempre dejando a la vista de tu bebé una parte de tu cuerpo.

- Recita este poema a tu pequeño:

  ¿Dónde estoy? ¿Dónde estoy?
  Encuéntrame, encuéntrame, que es para hoy.
  ¿Dónde estoy? ¿Dónde estoy?
  Ups, ya me viste, aquí estoy.

- Al decir la última línea, si tu bebé todavía no te ha encontrado, sal igualmente de tu escondite.

- La alegría que verás reflejada en su cara cuando te descubra te hará jugar a este juego muchas veces.

¡Vaya apretón!

SEGÚN LOS ÚLTIMOS ESTUDIOS:

Ejercitar los músculos de motricidad fina tiene un efecto positivo sobre las zonas motoras del cerebro.

■ Los juguetes de espuma son muy divertidos. Los que son de goma son los más fáciles de apretar.

■ Tu bebé está desarrollando sus aptitudes motoras finas cada vez que aprieta cosas entre sus manos.

■ Si le cuesta apretar, pon tus manos sobre las suyas y aprieta el juguete. Una vez conozca la sensación de apretar, podrá hacerlo por su cuenta.

■ Recita este divertido poema sin sentido mientras aprietas un juguete:

Aprieta el hueso, querido sabueso,
aprieta el hueso, querido sabueso.
No aprietes el gato, no aprietes el queso,
¡aprieta el hueso, querido sabueso!

75

Las aptitudes motoras finas y gruesas se desarrollan por separado. Aunque requieren la misma base física, las dos aptitudes avanzan cada una por su cuenta.

Cosas pequeñitas

■ Puedes mejorar las aptitudes motoras finas de tu bebé realizando ciertas actividades con él.

■ Dale una variedad de cosas pequeñas y seguras con las que jugar. Puedes comenzar con cucharas de medir, pelotas pequeñas y otros juguetes pequeños.

Nota: No le des objetos con los que pueda atragantarse y no lo dejes solo con piezas muy pequeñas.

■ Pon uno de esos objetos en su mano y anímale a soltar la pieza.

■ Dale un recipiente para que lo vaya llenando con sus tesoros y después observa cómo los va sacando.

■ Pídele que te dé uno de sus juguetes y devuélveselo después.

■ Prueba a ver si es capaz de sujetar dos cosas en la misma mano. Eso puede resultarle un poco difícil.

Tocando texturas

DE 6 A 9
MESES

**SEGÚN LOS
ÚLTIMOS
ESTUDIOS:**

A través de la
interacción, los
bebés van
desarrollando la
red de células
cerebrales que
les ayuda a
aprender a
calmarse a sí
mismos.

■ Es importante que juegues con tu bebé a juegos que fomenten la coordinación óculo-manual, porque estas actividades desarrollan su capacidad mental.

■ Junta diversos tipos de tejidos: lana, algodón, terciopelo, satén y cualquier otro que tengas a mano.

■ Siéntate en el suelo con tu bebé y acércale uno de estos tejidos para que lo pueda alcanzar. Cuando lo agarre, muéstrale que lo ha hecho muy bien.

■ Una vez ha tocado ese trozo de tejido, dile cómo se llama y ponlo sobre la palma de su mano mientras describes qué tacto tiene. «Es terciopelo y resulta muy suave.»

■ No entenderá todas tus palabras, pero relacionará el tono de tu voz con el tacto del tejido.

**SEGÚN LOS
ÚLTIMOS
ESTUDIOS:**

Todo lo que sea
practicar la
coordinación
óculo-manual
estimulará el
desarrollo del
cerebro.

Guisantes y zanahorias

■ A los bebés les gusta comer con los dedos, y de hecho, es un paso muy importante en el desarrollo de aptitudes motoras finas.

■ Cuando los bebés pueden coger comida y llevársela a la boca, experimentan una sensación de poder y control que les hace sentirse muy bien.

■ Pon unos guisantes y unos dados de zanahoria cocidos en la bandeja de su sillita alta o en la mesa.

■ Cántale la siguiente canción al son de «La pastora»:

*Zanahorias y guisantes
son muy interesantes,
me los llevo a la boquita
y los como solita.*

■ Si hace falta, guía sus deditos para que recojan los guisantes y las zanahorias y los pueda llevar a su boca. Seguramente querrá darte de comer a ti también.

¡Aúpa, mi bebé!

DE 6 A 9 MESES

78

SEGÚN LOS ÚLTIMOS ESTUDIOS:

Acariciar y sostener a tu bebé en brazos estimula el cerebro para que desprenda hormonas que le ayudan a crecer.

■ La música y el movimiento juntos estimulan ambos lados del cerebro.

■ Coge al bebé en brazos y muévete por toda la habitación mientras vas cantando «Un elefante».

■ Cuando cantes «Un elefante», álzalo en brazos muy alto y después bájalo hacia tu cara y dale un beso. También lo puedes mecer cuando cantes «se columpiaba».

> *Un elefante se columpiaba*
> *sobre la tela de una araña,*
> *como reía y se divertía*
> *fue a buscar a otro elefante.*
> *Dos elefantes....*

79

Cuanto antes se establezca contacto con la música, más capaz será el niño de aprender. Los pequeños que están inmersos en el lenguaje normalmente hablan con soltura para cuando tienen tres años. Los niños que no están muy expuestos al lenguaje tienen dificultades para aprender de adultos otros idiomas.

Canta y habla

- En un estudio publicado por *Newsweek* (19-2-96), unos investigadores de la Universidad de Konstanz, en Alemania, descubrieron que «el contacto con la música facilita la conexión de circuitos nerviosos en el cerebro».

- Piensa en algunas de tus canciones favoritas y cántaselas a tu bebé.

- No importa qué canciones sean; a tu bebé le gustará escuchar la letra, aunque no entienda lo que significan las palabras.

- Si la canción que has escogido tiene algunas palabras que el niño reconoce, cántalas más fuerte que el resto de la canción.

- En vez de cantar, prueba a decir esas palabras de otras maneras, en un susurro, en tono bajo o en tono agudo.

- Al margen de si cantas o dices la letra, el ritmo de la canción ayudará a tu pequeño a desarrollar su cerebro.

Canción sobre el día de hoy

SEGÚN LOS ÚLTIMOS ESTUDIOS:

Las canciones sirven para que los bebés comiencen a descifrar las pautas del habla y a desarrollar sus aptitudes sensoriales.

- Cuantas más palabras escuche tu bebé, más zonas del cerebro podrá desarrollar.

- Haz un repaso cantado de tu día. Invéntate una melodía y canta sobre lo que hiciste un día en concreto o el día de hoy.

- Canta sobre despertarse, levantarse y vestirse, desayunar, ir en coche, etc.

- También puedes cantar sobre toda la gente que tiene contacto con tu bebé.

- Cántale sobre sus abuelos: «La abuela te quiere y te manda un beso».

- Cántale sobre sus hermanos y hermanas: «Tu hermana Rosa te quiere, te quiere».

- Cántales sobre vuestra mascota.

- Estas conversaciones «musicales» le darán a tu bebé una base de aprendizaje.

81

Los bebés y sus padres están biológicamente preparados para desarrollar vínculos emocionales estrechos, y éstos se desarrollan paulatinamente a lo largo del primer año de vida del bebé a través de miradas, arrullos, sonrisas y contacto físico.

Arrullos tranquilizantes

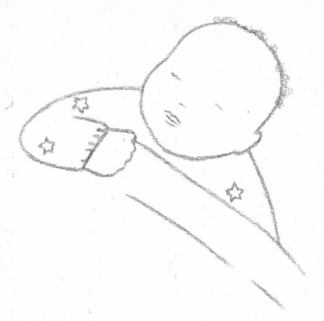

■ No hace falta que seas Pavarotti para cantar a tu pequeño. Cantar en voz bajita le ayuda a tranquilizarse y además establece un vínculo maravilloso entre vosotros dos.

■ Invéntate una melodía para esta canción de cuna tradicional rusa, o simplemente recítasela mientras lo meces:

Chiquitín, duérmete ya,

babushka baiu,

la luna te velará,

babushka baiu.

Cuentos te voy a contar

si tus ojos cierras ya.

Chiquitín, duérmete ya,

babushka baiu.

Un poema para dormir

SEGÚN LOS ÚLTIMOS ESTUDIOS:

Abrazar y acariciar a tu bebé le da sensación de bienestar y ayuda a desarrollar su cerebro.

■ Mece al bebé mientras le recitas el siguiente poema:

> *Buenas noches, mi cariño, buenas noches, mazapán,*
> *con el tic-tac del reloj tus ojos se cerrarán.*
> *Buenas noches, mi pequeño, buenas noches, tesoro,*
> *las estrellas son de plata y la noche es de oro.*

■ Acuesta al pequeño en su cuna con dulzura y repite: «Buenas noches, buenas noches».

■ Frota su espalda suavemente y dale un beso.

¡Qué divertidas son las llaves!

SEGÚN LOS ÚLTIMOS ESTUDIOS:

Ejercitar los músculos de motricidad fina fomenta el desarrollo del cerebro.

■ Las llaves son uno de los juguetes favoritos de los bebés. Hacen ruido y son fáciles de agarrar, y a los bebés les encanta soltarlas.

■ Sujeta las llaves en una mano y di: «Uno, dos, tres, soltemos las llaves».

■ Déjalas caer mientras tu hijo está mirando.

■ Ahora pon las llaves en su mano y repite lo mismo.

■ Después de unas cuantas veces, tu bebé ya sabrá qué hacer y disfrutará mucho con este juego.

■ Esta actividad es excelente para desarrollar aptitudes motoras finas.

Saluda con la manita

SEGÚN LOS ÚLTIMOS ESTUDIOS:

Los científicos afirman que crear vínculos de apego con tu bebé es el factor más importante para su desarrollo. Los bebés aprenderán más rápidamente y se sentirán mejor consigo mismos.

- Saluda con las manos y los pies de tu bebé cada vez que pase una persona o una mascota que tu bebé conoce.

- Es mejor jugar a este juego cuando las personas están en la misma habitación.

- Canta esta canción al son de «Fray Santiago»:

    Saluda a papá,
    saluda, saluda,
    saluda a papá, saluda a papá,
    saluda, saluda.

- Puedes mover sus manos o sus pies para saludar a mamá, papá, los abuelos, los amigos o las mascotas.

Glu, glu, fri, fri

SEGÚN LOS
ÚLTIMOS
ESTUDIOS:

Cada nueva
aptitud motora se
debe poner en
práctica
constantemente
para reforzar los
circuitos
nerviosos.

- Éste es un buen juego para jugar al aire libre cuando hace buen tiempo; sólo necesitas la bañera de tu bebé o un recipiente muy grande.

- Pon unas esponjas dentro del agua y enseña a tu pequeño a exprimir la esponja para sacar el agua.

- Exprime la esponja sobre tus manos, brazos y otras partes de tu cuerpo.

- Ahora dale unos vasos de plástico y enséñale como exprimir la esponja para que el agua vaya dentro de los vasos.

- Este juego le mantendrá ocupado durante un buen rato, y además es genial para desarrollar aptitudes motoras finas.

- Juega a este juego acompañándolo de palabras inventadas divertidas cada vez que exprimas la esponja. He aquí unas cuantas ideas:

  ✓ glu glu   ✓ fri fri   ✓ tui tui   ✓ rrr rrr

Escuchar es divertido

DE 6 A 9 MESES

SEGÚN LOS ÚLTIMOS ESTUDIOS:

Hacer una pequeña pausa entre palabras ayuda a los bebés a concentrarse en los sonidos del idioma.

- Cuanta más experiencia tenga tu hijo escuchando, mejor será su adquisición lingüística.

- Incluye al bebé tanto como puedas en las conversaciones de tu familia. A la hora de cenar, aprenderá muchas palabras al escuchar hablar a los demás.

- Acuérdate de que, si bien todavía no puede decir esas palabras, sí las comprende.

- Escucha la radio y prueba diferentes programas. Tanto las emisoras de música como las de noticias le darán la oportunidad de oír muchas voces que suenan de manera diferente.

- Muchas veces verás que responde a lo que está escuchando. Anímale a que lo haga y comunícate con él.

SEGÚN LOS ÚLTIMOS ESTUDIOS:

La adquisición de un conjunto de sonidos es el primer paso hacia el habla, pero sólo es un paso pequeño. Para poder decodificar el lenguaje, hace falta reconocer las palabras.

Consejos de lectura

- Asigna un tiempo cada día para leer libros. La hora de ir a la cama suele funcionar bien.

- Escoge libros con frases cortas e ilustraciones sencillas.

- Deja que tu bebé coja el libro y pase las páginas.

- Sólo nombra las ilustraciones. El cuento vendrá más tarde.

- Para y haz preguntas sobre cualquier cosa que capte su atención. Un dibujo le puede recordar otra cosa o hacerle pensar en algo. No dejes de hablar y utiliza muchas palabras descriptivas.

- Y lo más importante: repite, repite y repite. Tu bebé querrá leer el libro un montón de veces. Cuanto más repitas, más conexiones hará en su cerebro.

Vamos a trepar

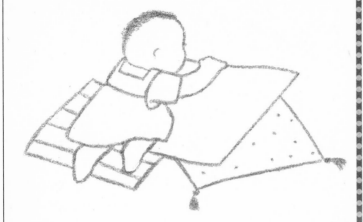

SEGÚN LOS ÚLTIMOS ESTUDIOS:

Cada cerebro va creando a su propio ritmo las conexiones musculares y nerviosas que necesitará para gatear y trepar.

■ ¡No hay nada que hacer! Tu bebé comenzará a trepar cualquier cosa a la vista. En vez de intentar evitarlo, ¿por qué no le ayudas a desarrollar sus músculos de motricidad gruesa?

■ Coge almohadas y cojines y haz una pila con ellos en el suelo.

■ Ponlo delante de los cojines y verás cómo disfruta.

■ Coge uno de sus muñecos favoritos y ponlo sobre el cojín más alto. Eso será un aliciente más para trepar.

El cerebro es capaz de aprender a lo largo de toda la vida, pero ningún otro período de tiempo será tan propicio para el aprendizaje y tan fructífero como éste.

El juego de los signos

■ Se han realizado muchas investigaciones sobre la enseñanza del lenguaje de sordomudos a los bebés.

■ Por ejemplo, si estás leyendo un libro a tu bebé y hay un dibujo de un gato, puedes decir la palabra y hacer el signo. Eso le ayuda a entender la relación entre la palabra y el dibujo.

■ Aquí explicamos tres signos sencillos que puedes enseñarle a tu bebé:

✓ Gato: Con la palma de una mano acaricia el revés de la otra mano.

✓ Pez: Abre y cierra la boca como un pez.

✓ Pájaro: Mueve los brazos para arriba y para abajo como si fueran alas.

■ Una manera excelente de reforzar estos signos es cantar canciones que utilizan esas palabras; un buen ejemplo sería «En la granja de mi tío».

De 9 a 12 meses

SEGÚN LOS
ÚLTIMOS
ESTUDIOS:

Las experiencias
de la primera
infancia tienen
un impacto
dramático y
preciso sobre el
desarrollo
posterior, pues
determinan
físicamente cómo
se conectan los
complejos
circuitos
nerviosos.

Explorando al aire libre

■ Jugar al aire libre cuando hace un día maravilloso es una manera estupenda de experimentar con todos los sentidos.

■ Deja que el bebé gatee por el césped mientras tú gateas a su lado.

■ Nombra cada cosa que parezca interesarle.

■ Huele las flores, hazle cosquillas con una brizna de hierba, busca insectos, etc. Hay muchas cosas que puedes hacer.

■ Dar vueltas sobre el césped también es divertido, y a tu bebé le gustará la sensación ligera y un poco punzante.

Busca y encuentra

El cerebro de un bebé es capaz de diferenciar todos los sonidos posibles de todos los idiomas. Para cuando tienen diez meses, los bebés han aprendido a eliminar los sonidos que les son extraños para poder enfocar los sonidos de su idioma materno.

■ Escuchar para distinguir cuál es la fuente de un sonido fomenta la capacidad auditiva.

■ Estos juegos se deben jugar en los primeros años de vida para reforzar las conexiones del cerebro en el futuro.

■ Busca un despertador de cuerda de sonido agradable.

■ Sujeta el despertador cerca de tu bebé y cántale algo como:

> *Tic-toc, tic-toc,*
> *el reloj hace tic-toc,*
> *tic-toc, tic-toc.*

■ Ahora pon el despertador debajo de un cojín.

■ Pregúntale a tu pequeño: «¿Dónde está el tic-toc?».

■ Dirígelo hacia el despertador, utilizando el sonido como forma de localizarlo. Una vez haya entendido cómo se juega a este juego, querrá repetirlo una y otra vez.

92

SEGÚN LOS
ÚLTIMOS
ESTUDIOS:

Las primeras
experiencias
configuran la
manera en que se
establecen los
circuitos en el
cerebro.

Dentro y fuera

■ Entender conceptos espaciales como *dentro, fuera, encima, debajo* y *detrás* es muy importante para el desarrollo cerebral.

■ Jugar a juegos que refuercen estos conocimientos será muy beneficioso para tu bebé en el futuro.

■ Coge una bolsa o un saco de papel grande —el tipo de bolsa que le gustaría a tu gato— y mete un juguete en su interior.

■ Ayuda al bebé a encontrar el juguete y a sacarlo de la bolsa.

■ Vuelve a guardarlo dentro y continúa jugando una y otra vez.

■ Invéntate una canción divertida, como la que sigue, y repítela cada vez que metas el juguete dentro de la bolsa.

> *Saco, cuaco, juguete zoquete,*
> *chim pam pum, DENTRO.*

■ Para sacar el juguete, puedes variar la última línea a:

> *chim, pam, pum, FUERA.*

¿Dónde está...?

SEGÚN LOS ÚLTIMOS ESTUDIOS:

Una relación cálida y afectuosa con tu bebé refuerza los sistemas biológicos que le ayudan a controlar sus emociones.

■ Siéntate con tu bebé y mira un álbum de fotos con él.

■ Busca una foto en la que aparezca un miembro de tu familia.

■ Háblale de la foto y dile cómo se llama esa persona. Repite el nombre y después pide a tu pequeño que la señale en la foto.

■ Ahora tapa la foto con tu mano y pídele que encuentre a esa persona.

■ Sigue jugando a este juego con otra foto.

■ ¡Seguramente te sorprenderá lo mucho que entiende tu bebé!

¿Dónde está mi bebé?

SEGÚN LOS ÚLTIMOS ESTUDIOS:

Los investigadores han podido confirmar que la forma de relacionarse con el bebé y las experiencias que uno le ofrece tienen un impacto sobre su desarrollo emocional y sus capacidades de aprendizaje.

- Busca unas cuantas fotos de un bebé y escóndelas en diferentes sitios.

- Escoge sitios que le resulten familiares a tu pequeño: en la caja de juguetes, sobre el cambiador o debajo de un plato en su sillita alta.

- Dile: «Vamos a buscar al bebé».

- Hazle preguntas sobre el posible escondite: «¿Está en la pila?» o «¿Está en la silla?».

- Finalmente pregunta: «¿Está en la caja de juguetes (o el verdadero escondite)?».

- Cuando el bebé encuentre la foto, vitoréale y aplaude con entusiasmo.

- Puedes jugar a este juego con fotos de familiares o amigos.

Yo toco

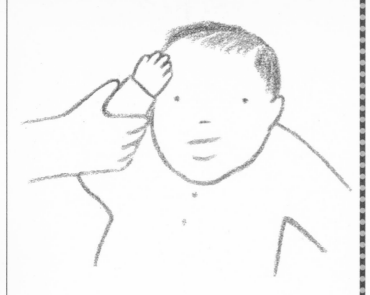

DE 9 A 12
MESES

SEGÚN LOS ÚLTIMOS ESTUDIOS:

Tocar a los bebés ayuda a su sistema digestivo y les alivia del estrés.

■ Esta rima ayudará a tu pequeño a comenzar a identificar las partes de su cuerpo.

■ Primero recita la rima y señala cada parte del cuerpo.

■ El siguiente paso es coger su mano y señalar cada parte de su cuerpo con ella mientras le recitas esta rima:

> *Yo toco mi boca, mis ojos, mi barbilla,*
>
> *yo toco mi cabeza, mi nariz, mi mejilla,*
>
> *yo toco mi cuello, mis rodillas, mis pies,*
>
> *y desde los talones comienzo otra vez.*

■ Esta rima es fácil porque estás diciendo muchas palabras con un sonido parecido; luego ya podrás incluir otras partes del cuerpo.

El General Bum Bum

SEGÚN LOS ÚLTIMOS ESTUDIOS:

Un vínculo emocional fuerte con tu bebé repercute positivamente en los sistemas biológicos de su cuerpo que se adaptan al estrés.

■ Sienta a tu pequeño sobre tu regazo y recítale este poema.

■ Al llegar a «mas cae en el desván», sujétalo con fuerza y ladéalo hacia un lado como si cayera.

■ Cuando digas «se ha caído de un sentón», sujétalo por las manos y deslízalo por tus piernas hasta que toque el suelo.

■ Cada vez que repitas «Bum Bum», hazlo botar más alto.

El General Bum Bum
cuando se va a la guerra
galopa muy galán
y hace temblar la tierra.
Galopa muy galán,
galopa que galopa,
galopa muy galán,
mas cae en el desván.
El caballo es de mentira,
el caballo es de cartón,
el general ya no galopa,
se ha caído de un sentón.

Pablo y Pedro

97

SEGÚN LOS ÚLTIMOS ESTUDIOS:

Abrazar y tener en brazos a los bebés les alivia del estrés.

■ Siéntate con el bebé en el regazo.

■ Sujeta un tobillo suyo en cada mano y recítale este poema mientras vas moviendo sus piernas:

Éste es Pablo y éste es Pedro, ya lo veo.

Pues Pablo y Pedro salieron a jugar,

y uno encima del otro empezaron a saltar (monta una pierna encima de la otra),

una pierna sobre la otra se pusieron a cruzar (continúa cruzando sus piernas),

y así se divertían y reían sin parar.

«¡Esto es divertido!», dijo Pablo, y dijo Pedro,

«¡Bravo!», dijeron ambos, y yo me los creo.

98

Las experiencias sensoriales y las relaciones sociales que tenga tu bebé fomentarán sus futuras capacidades intelectuales.

Lavemos el juguete

■ Las manoplas mojadas son muy divertidas para los bebés. Les gusta sentir esa textura por todo el cuerpo y especialmente por la cara.

■ Juega a esconderte detrás de una manopla cuando lo estés bañando.

■ Esconde un juguete pequeño dentro de la manopla y deja que tu hijo meta los dedos en el interior para sacarlo.

■ Dale la manopla y pídele que te lave la cara.

■ Cántale esta canción al son de «La pastora»:

> *Lavemos el juguete*
>
> *con agua y jabón.* (Haz que sus manos froten el juguete con la manopla.)
>
> *Limpio en un periquete,*
>
> *le das un remojón* (haz que lo zambulla en la bañera),
>
> *le das un remojón.*

Rimas para la bañera

Las aptitudes lingüísticas y la futura capacidad verbal de un niño se desarrollan mejor en un entorno que fomente el lenguaje oral.

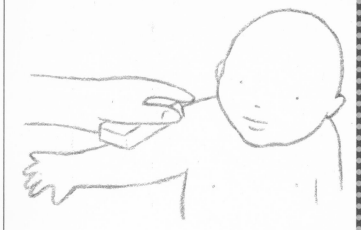

■ Las canciones y las rimas son estupendas para cuando estás bañando al bebé.

> *Arriba, arriba, arriba*
> *sube la hormiga.*
> *La hormiga da un traspiés*
> *y cae al revés.*
> *Abajo, abajo, abajo,*
> *rueda con desparpajo.*

■ Coge el jabón o la manopla y súbela poco a poco por uno de sus brazos mientras dices «arriba, arriba, arriba sube la hormiga».

■ Cuando digas «la hormiga da un traspiés y cae al revés», bota la manopla sobre su hombro y luego deslízala hasta zambullirla en el agua.

■ También puedes jugar a este juego moviendo un juguete por el borde de la bañera.

100

Los científicos se han dado cuenta de que las experiencias que un bebé tiene después de haber nacido determinan cómo se configura su cerebro y qué conexiones crea.

¡Pesca el cubito de hielo!

- Este juego es ideal para la bañera.

- Llena un vaso de plástico con cubitos de hielo.

- Dale otro vaso a tu pequeño y dile que es para pescar los cubitos de hielo.

- Deja caer un cubito en la bañera y observa cómo intenta atraparlo con su vaso.

- Es muy divertido, porque tendrá que perseguirlo dentro del agua mientras el cubito se va derritiendo.

- Si tiene problemas pescándolo, enséñale cómo hacerlo.

- Otro juego divertido con cubitos de hielo es poner uno en su mano para que lo deje caer en el agua y lo atrape con el vaso.

Canciones para la bañera

SEGÚN LOS ÚLTIMOS ESTUDIOS:

Los bebés que no reciben todo el amor y el cuidado afectivo que necesitan cuando son muy pequeñitos pueden carecer de las conexiones cerebrales necesarias para formar relaciones íntimas a lo largo de su vida.

■ Este juego de bañera fomenta la relación de apego y confianza entre vosotros.

■ Siéntate en la bañera con el bebé y sujétalo por los lados para desplazarlo por el agua con suavidad.

■ Mientras lo estás moviendo, cántale esta canción:

> *Marinero que se fue a la mar, mar, mar,*
> *para ver lo que podía ver, ver, ver,*
> *y lo único que pudo ver, ver, ver,*
> *fue el fondo de la mar, mar, mar.*

■ Cántale otras canciones relacionadas con el agua mientras jugáis. «Que llueva» o «Los peces en el río» son buenas canciones para la bañera.

Ejercitar los músculos una y otra vez les da la potencia y la flexibilidad —lo que se conoce como «tono muscular»— necesarias para desarrollar el sistema nervioso.

Uno, dos, tres, pateo

- Enseña a tu pequeño a agarrarse a una silla para patear una pierna en el aire.

- Anímale a que te imite.

- Di: «Uno, dos, tres, pateo» y patea tu pierna en el aire al llegar a «pateo».

- A los bebés les divierte mucho tener que estar atentos hasta escuchar la palabra «pateo», y el ejercicio de patear la pierna en el aire les ayuda a desarrollar la fuerza muscular.

- Patea para delante, para atrás y a izquierda y derecha.

- Prueba a contar en voz bajita y cuando llegues a «pateo», dilo más fuerte.

La-di-da

SEGÚN LOS ÚLTIMOS ESTUDIOS:

Las conexiones formadas por neuronas entre sí se llaman sinapsis. Aunque varias partes del cerebro se desarrollan a ritmos diferentes, lo que sí demuestran continuamente los estudios es que el período más álgido de producción de sinapsis ocurre entre el nacimiento y los años de escuela primaria.

■ Este juego es un buen ejercicio de estiramiento y una manera estupenda de practicar cómo se llaman las partes del cuerpo.

■ Levanta los brazos en el aire y después dóblate hasta tocarte los pies.

■ Anima a tu pequeño a que haga lo mismo.

■ Mientras levantas los brazos, di:

> *Arriba, con las manos alzadas,*
> *abajo, con las manos bajadas,*
> *tócate los pies, eso es,*
> *la-di-da, la-di-da, la-di-da.*

■ Repítelo varias veces y después nombra otra parte del cuerpo. Por ejemplo:

> *Arriba, con las manos alzadas,*
> *abajo, con las manos bajadas,*
> *tócate las rodillas, a que me pillas,*
> *la-di-da, la-di-da, la-di-da.*

■ Tu bebé disfrutará la palabra «la-di-da».

104

SEGÚN LOS ÚLTIMOS ESTUDIOS:

Un vínculo de apego fuerte y seguro con un adulto cariñoso puede tener una función de protección biológica para el bebé, ayudándolo mientras crece a resistir mejor las dificultades de la vida cotidiana.

¡Que rueden los puños!

- ■ Enseña a tu bebé cómo cerrar el puño.

- ■ Coge sus puños y hazlos rodar uno encima del otro.

- ■ Mientras los haces rodar, recítale esta rima:

> *Ruedan y ruedan, ruedan los puñitos,*
>
> *redondos, gorditos, como buñuelitos,*
>
> *ruedan despacio, al palacio, al palacio* (que rueden poco a poco),
>
> *más rápido, más rápido, se mueven, se mueven.* (Que rueden más deprisa.)
>
> *¡Que rueden los puños, que rueden, que rueden!* (Que rueden cada vez más rápido.)

- ■ Acaba el juego con un fuerte abrazo y un beso.

Hagamos tonterías

SEGÚN LOS ÚLTIMOS ESTUDIOS:

Expresar los sentimientos activa en el cerebro las sustancias químicas que mejoran la memoria.

■ Una de las cosas que puedes hacer con tu bebé es ayudarle a que sea más consciente de su entorno.

■ Siéntate en el suelo delante de tu pequeño.

■ Haz tonterías y anímale a que te imite. Aquí tienes unas cuantas ideas:

✓ Haz caras divertidas.

✓ Sácale la lengua y haz ruidos graciosos.

✓ Mueve la cabeza en todas direcciones, para arriba, para abajo y para los lados.

✓ Golpea los puños contra el pecho y grita.

✓ Haz sonidos de diversos animales.

✓ Tiéndete en el suelo y patalea.

✓ Ponte a cuatro patas y ladra como si fueras un perro.

■ Una vez hayas probado unas cuantas ideas, repítelas delante de un espejo y anímale a que haga lo mismo. Cuando se vea a sí mismo haciendo esas tonterías, tu bebé se divertirá aún más y desarrollará mayor conciencia de lo que hace.

SEGÚN LOS
ÚLTIMOS
ESTUDIOS:

Para que el
cerebro de un
bebé se
desarrolle, es
necesario que el
pequeño se
encuentre
inmerso en
ambientes que lo
estimulen tanto a
nivel emocional
como intelectual.

¿Qué se puede hacer con juegos de anillas?

■ Los juegos de anillas que se apilan ofrecen múltiples posibilidades para juegos de desarrollo.

■ Dependiendo de las necesidades de desarrollo y de las aptitudes de tu pequeño, puedes animarle a que pruebe cualquiera de estas actividades:

✓ Apilar las anillas de mayor a menor, a la inversa o simplemente apilarlas.

✓ Lanzar las anillas.

✓ Colgarlas de sus dedos.

✓ Sujetarlas con la boca.

✓ Hacer que den vueltas.

■ Todos los juguetes tienen muchísimas posibilidades creativas. Ayuda a tu bebé a descubrir las diferentes maneras posibles de jugar con ellos.

A hombros

SEGÚN LOS ÚLTIMOS ESTUDIOS:

Tocar, abrazar y acariciar a los bebés ayuda a que su aparato digestivo digiera la comida con más facilidad.

■ Si tu bebé disfruta cuando lo llevas a hombros, este juego le encantará.

■ Tu pequeño deberá sentarse sobre tus hombros con las piernas colgando por delante (o también puede ir sobre tu espalda con las manos alrededor de tu cuello y una pierna a cada lado sujeta por tus brazos).

■ Sujeta sus manos mientras te vas moviendo. Dile lo siguiente:

Caminando, caminando por toda la habitación,

voy volando, voy corriendo, voy con mi imaginación.

■ Prueba diferentes movimientos mientras llevas a tu hijo a cuestas: salta a la pata coja, de una pierna a otra, da vueltas, camina lento, rápido y otras cosas por el estilo.

■ Ir a hombros mejora el equilibrio y las capacidades relacionadas con ello.

Las canciones, el movimiento y otros juegos musicales de la infancia se conocen como «ejercicios neurológicos brillantes», pues introducen a los niños a pautas de lenguaje, aptitudes motoras sensoriales y otras aptitudes motoras fundamentales.

Sanco Panco

■ Recita esta rima popular a tu bebé mientras lo haces botar sobre tus rodillas.

Tronaba Sanco Panco (haz que bote tu bebé)

desde su alto muro, mas cayóse un día (separa las rodillas mientras lo sujetas con firmeza y bájalo hasta que toque el suelo)

¡y sufrió un gran apuro! (Súbelo de nuevo a tus rodillas.)

■ Dale su muñeco de peluche favorito para que lo sujete mientras jugáis.

■ Eso puede darle la idea de jugar al mismo juego con su muñeco.

Barbilla contra barbilla

SEGÚN LOS ÚLTIMOS ESTUDIOS:

Casi todo el desarrollo cerebral del bebé ocurre una vez ha nacido. Las experiencias que viva configurarán la estructura de su cerebro en desarrollo.

■ Tiende al bebé boca arriba y tócale la barbilla.

■ Di la palabra «barbilla» y toca tu barbilla.

■ Pon la tuya contra la suya y repite la palabra.

■ Sigue realizando estos gestos, tocando con diferentes partes de tu cuerpo las mismas partes del cuerpo de tu pequeño.

■ Cara, nariz, mejilla y cabeza son buenas partes para comenzar esta actividad.

■ Si ayudas a tu bebé a ser consciente de que tiene las mismas partes del cuerpo que tú, fomentarás su conciencia de todo lo que le rodea.

Cópiame

SEGÚN LOS ÚLTIMOS ESTUDIOS:

La mayoría de los científicos concuerdan en que el desarrollo motor se da cuando el cerebro ha sido «conectado» para que esto suceda; lo mismo ocurre con los pinzones y las golondrinas, que si no aprenden a cantar justo después de nacer, nunca llegan a soltar una nota.

■ Desarrollar las aptitudes motoras gruesas ayuda a que los bebés establezcan conexiones en su cerebro.

■ Haz una acción y pide a tu pequeño que te copie. Si no entiende lo que significa «cópiame», mueve su cuerpo para que haga lo mismo que tú.

■ Intenta jugar a este juego delante de un espejo de cuerpo entero.

■ Éstas son algunas de las acciones que te recomendamos:

✓ Camina con pasos gigantescos; si tu bebé todavía no anda, hazlo gateando.

✓ Camina con pasitos pequeñitos; si tu bebé todavía no anda, hazlo gateando.

✓ Estira los brazos hacia los lados y traza círculos en el aire con uno de ellos.

✓ Haz lo mismo con el otro brazo.

✓ Sujeta una pelota grande de playa, déjala caer y recógela.

Vamos a estirar

SEGÚN LOS ÚLTIMOS ESTUDIOS:

Los bebés pueden comenzar a desarrollar aptitudes más difíciles, tales como caminar, cuando consiguen que los músculos y la coordinación trabajen al mismo tiempo.

- Este juego desarrolla la fuerza de la parte superior del brazo, y además a tu bebé le encantará.

- Siéntate en el suelo mirando a tu pequeño.

- Coge una bufanda larga por uno de sus extremos y dale el otro extremo a tu hijo.

- Comienza a estirar la bufanda hacia ti con suavidad y enséñale cómo estirarla hacia él.

- Cuando empiece a estirar con fuerza, finge caer hacia delante. Eso siempre hace reír a los pequeños.

- Este juego es excelente para desarrollar los músculos y también es divertido.

Ritmos rápidos y lentos

SEGÚN LOS ÚLTIMOS ESTUDIOS:

Escuchar música desde muy pronto incrementa y realza el razonamiento espacial-temporal y el aprendizaje de conceptos matemáticos.

■ Dale a tu pequeño unos palillos o unas cucharas de madera.

■ Siéntalo en su sillita alta o sobre el suelo u otro lugar donde tenga una buena superficie para golpear las cucharas.

■ Tú también deberías equiparte con unas cucharas de madera.

■ Canta una canción como «El cocherito» y golpea las cucharas al ritmo de la melodía.

■ Anímale a que golpee sus cucharas también.

■ Canta esta canción más rápido, siguiendo el ritmo con tus cucharas.

■ Cántala más despacio, marcando ese ritmo más lento con las cucharas.

■ Tu bebé disfrutará mirándote batir tus cucharas más rápidamente y más despacio, y además comenzará a entender la diferencia entre rápido y lento.

Canciones «bocales»

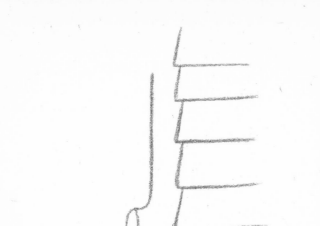

**SEGÚN LOS
ÚLTIMOS
ESTUDIOS:**

Las canciones, el movimiento y los juegos infantiles musicales son ejercicios neurológicos que ayudan a los pequeños a aprender pautas de lenguaje y aptitudes motoras.

■ A medida que tu pequeño vaya descubriendo sus aptitudes lingüísticas, disfrutará explorando todas las cosas que puede hacer con la boca.

■ Escoge una canción que le guste escuchar. Hay muchas canciones populares estupendas, como «El señor don Gato», «Mambrú se fue a la guerra» y «Vamos a contar mentiras».

■ Canta cualquiera de esas canciones de diferentes maneras. Cántala en tono agudo, grave, en voz baja, alta, o tararéala, susúrrala, etc.

■ Cuanto más escuche esta canción de diferentes maneras, más probable será que tu pequeño te imite y desarrolle sus aptitudes lingüísticas.

114

SEGÚN LOS ÚLTIMOS ESTUDIOS:

El vínculo entre la música y el razonamiento espacial es importante porque las aptitudes de razonamiento espacial forman parte del razonamiento abstracto.

Pequeño chiquitín

■ La canción «El señor don Gato» es muy popular entre los pequeños.

■ Adáptala cambiando «gato» por «perro» y utiliza diminutivos que normalmente empleas con tu pequeño.

Mi perro se llama Fermín,
es pequeño y chiquitín,
cabe en un botín,
mi perrito se llama Fermín.
Se va de paseo solito,
y siempre vuelve a las diez,
qué tarde es,
y siempre vuelve a las diez.
Mi perrito está contento,
de tan contento que está,
ladra y ladra,
de tan contento que está.

■ Prueba a cantarla utilizando los nombres de otros animales, como la vaca, el cerdo, el pato u otros que conozca tu bebé.

El cocherito, leré

SEGÚN LOS ÚLTIMOS ESTUDIOS:

La investigación confirma que el nivel más alto de aptitud musical ocurre justo después de haber nacido. Los bebés poseen muchos genes y sinapsis que les permiten estar preparados para aprender música inmediatamente.

■ Siéntate con tu pequeño en el regazo mirando hacia ti. Te será más fácil si lo hacéis en el suelo.

■ Canta la canción de comba «El cocherito» mientras sujetas sus manos entre las tuyas.

■ Cuando digas «leré», bate sus palmas y sube la voz.

El cocherito, leré,
me dijo anoche, leré,
que si quería, leré,
montar en coche, leré,
y yo le dije, leré,
con gran salero, leré,
no quiero coche, leré,
que me mareo, leré.
El nombre de María,
que cinco letras tiene,
la m, la a, la r, la i, la a,
MARÍA.

116

SEGÚN LOS ÚLTIMOS ESTUDIOS:

Hablar con tu bebé, leerle y cantarle afectará positivamente al desarrollo de su cerebro a lo largo de toda su vida.

Sentimientos con música

■ Cantar sobre las emociones ayudará a que tu pequeño entienda el lenguaje y la expresión de los sentimientos.

■ Canta la siguiente canción al son de «Fray Santiago»:

¿Estás contento, estás contento?

Sí lo estoy, sí lo estoy,

sí que estoy contento,

me siento alegre,

sonrío, sonrío. (Canta con cara feliz y sonriente.)

¿Estás triste, estás triste?

Sí lo estoy, sí lo estoy,

sí me siento triste,

me pongo a llorar,

triste estoy, triste estoy. (Canta con cara de tristeza.)

■ También puedes jugar a este juego utilizando aptitudes motoras como saltar, correr y marchar.

Primeros balbuceos

SEGÚN LOS ÚLTIMOS ESTUDIOS:

Hablar en tono más agudo de lo normal capta la atención del bebé, y hablar más despacio, con una enunciación cuidadosa, facilita que el bebé distinga las palabras por separado.

■ Los primeros sonidos que tu bebé hará seguramente serán *p, m, b* y *d*.

■ Cada vez que tú respondas a esos sonidos, él intentará repetirlos.

■ Copia los sonidos que hace y repítelos para conversar con tu pequeño.

■ Canta sus canciones favoritas haciendo los sonidos que él hace.

■ Si hablas con tu bebé en un tono de voz más agudo, te escuchará con mayor atención.

■ Graba los sonidos maravillosos de sus primeros balbuceos. Estarás encantada de volver a escuchar esa cinta años después.

118

Los niños con quienes se ha hablado mucho y de manera razonada y cariñosa tienen mayores probabilidades de desarrollar su aptitud para el uso complejo del lenguaje.

La barbilla, la mejilla, la silla

■ Este juego de repetición de palabras similares en sonido sirve para que tu bebé refuerce su vocabulario básico. Canta cada frase al son de «Vamos a contar mentiras»:

> *La barbilla y la mejilla,*
> *la barbilla y la mejilla,*
> *la barbilla, la mejilla, la silla,*
> *la barbilla, la mejilla, la silla,*
> *la barbilla y la mejilla.*

■ Toca tu barbilla, mejilla y silla mientras vas cantando esas palabras y anima a tu pequeño a que te imite.

■ Canta otro verso con cabeza, tobillos y pelo.

■ Luego otro con rodillas, cuello y nariz.

■ Este juego es un experimento fantástico con el lenguaje y además refuerza los conocimientos de las partes del cuerpo.

Dilo otra vez

DE 9 A 12 MESES

119

SEGÚN LOS ÚLTIMOS ESTUDIOS:

Hablar con los bebés fomenta el desarrollo de un vocabulario rico y amplio en el futuro.

■ Imitar es una aptitud natural que tienen los bebés, y lo hacen muy bien.

■ Di una palabra y alienta a tu pequeño a que te imite.

■ Escoge palabras que le resulten familiares y que sólo tengan una sílaba al principio.

■ Seguramente ya habrás hecho eso cuando enseñaste a tu bebé: «¿Qué dice la vaca?».

■ Cada vez que repite lo que tú has dicho, alábale y dale un fuerte abrazo.

■ Algunas palabras fáciles que puedes probar son: mamá, papá, bebé, adiós, hola, luz, luna, gato, perro, pato, etc.

120

El amor es un vínculo muy potente para un niño. Las expresiones de ese amor afectarán a la manera en que el cerebro se va conectando.

Rima para los dientes

- Éste es uno de esos juegos que encantan a los pequeños y que pueden usar para presumir delante de sus amiguitos y sus parientes.

- Enseña a tu bebé a abrir la boca y mostrar los dientes.

- Saca la lengua y observa si tu bebé te copia.

- Ahora, frota la lengua contra los dientes superiores.

- Recítale este poema mientras haces los siguientes gestos:

  Veinticuatro caballos blancos (señala tus dientes)
  en su establo descansaban.
  Al oír que relinchaban (haz un sonido parecido al del caballo),
  el toro rojo se asomó (saca la lengua),
  y sin mediar palabra,
  a todos los lamió. (Repasa todos tus dientes con la lengua.)

- Repítela, pero ahora señalando los dientes y la lengua de tu bebé.

- Anímale a que saque la lengua y se lama los dientes superiores.

La caja sorpresa

121

Los bloques de construcción, el arte y los juegos de fantasía ayudan a que los niños desarrollen su curiosidad, sus aptitudes lingüísticas, su capacidad de resolver problemas y sus aptitudes matemáticas.

- Este juego popular refuerza la idea de que las sorpresas pueden ser divertidas y positivas.

- Cierra ambos puños, encerrando el pulgar entre los otros dedos.

- Al decir «Sí, saldré», suelta los pulgares para que aparezcan de improviso como si los soltaras con un resorte.

> *Pulgarcito, Pulgarcito,*
> *en tu caja sentadito.*
> *¿Saldrías a jugar*
> *conmigo un ratito?*
> *Sí, saldré.*

- Enseña a tu pequeño cómo cerrar el puño y muéstrale cómo soltar el pulgar mientras mantiene la mano cerrada.

- También puedes jugar a este juego acuclillándote y luego saltando de repente.

122

A través de los escáners PET, los científicos han aprendido que la parte del cerebro que almacena la memoria ya es completamente funcional a partir de los nueve o diez meses.

Un juego para el cochecito

- ■ Sal a pasear con tu bebé para que vaya reconociendo su entorno. Aunque hay mucho por ver, ayúdale a fijar la atención en una cosa cada vez.

- ■ Pasea con el cochecito, haciendo paradas para hablar de las cosas interesantes que veis.

- ■ Para delante de un árbol y háblale de las hojas. Deja que las toque hasta saciar su curiosidad.

- ■ Busca pájaros o ardillas en los árboles.

- ■ Habla de tres o cuatro cosas durante vuestro paseo.

- ■ Repite este juego varias veces, siempre señalando las mismas tres o cuatro cosas que habías visto antes de añadir nuevas cosas a la lista.

El gran descubrimiento de los libros

SEGÚN LOS ÚLTIMOS ESTUDIOS:

El aprendizaje del lenguaje comienza en el útero, donde el feto está escuchando constantemente los sonidos de la voz de su madre.

■ Un regalo maravilloso que puedes hacerle a tu bebé es leerle en voz alta.

■ A los pequeños les interesan los dibujos, las formas del libro, pasar las páginas y sujetar y tocar los libros.

■ Señala una ilustración y dile lo que es. Si señalas la misma ilustración varias veces, tu pequeño aprenderá el nombre del objeto o la persona representados.

■ Pregúntale: «¿Dónde está...?». Observa si señala la ilustración.

■ Deja que tu bebé sujete el libro, lo deje caer y pase las páginas. Esa manera de experimentar sienta las bases para que desarrolle sus capacidades lingüísticas y de lectura y os brinda muchos momentos especiales juntos.

■ Lee el mismo libro una y otra vez.

SEGÚN LOS ÚLTIMOS ESTUDIOS:

El vocabulario de una persona está determinado en gran medida por el lenguaje que ha escuchado durante los tres primeros años de vida. El cerebro capta los sonidos que componen una palabra y luego hace conexiones que le permiten recuperar estos sonidos a medida que su vocabulario aumenta.

Vamos al supermercado

■ Llevar al bebé contigo al supermercado puede ser una experiencia agradable si te lo planteas como una excursión divertida para ambos.

■ He aquí algunas sugerencias de cosas que puedes hacer con tu pequeño mientras estáis en el supermercado:

✓ Señala las imágenes y las letras de las latas y cajas.

✓ Enséñale los productos que come y bebe cuando está en casa.

✓ Ve a la sección de productos frescos y nombra las verduras y frutas que le gustan.

✓ Deja que coloque parte de tus compras dentro del carrito.

✓ Describe los productos que habéis puesto en el carrito con palabras como blando, crujiente, frío, caliente, etc.

Una cara feliz

Los investigadores han descubierto que los niños se acuerdan mejor de los cuentos que provocaron sentimientos intensos en ellos.

■ Dado que combinar cuentos con emociones potencia la memoria, anima a tu pequeño a que exprese sus sentimientos.

■ Busca fotos en revistas que muestren a niños sonriendo y riendo.

■ Pega esas fotos sobre una cartulina y míralas con tu bebé.

■ Háblale de las emociones que se reflejan en las fotos. El cerebro del bebé registrará una cara feliz y eso le ayudará a establecer nuevas conexiones.

■ Mira las fotos de caras felices con él y canta una canción (¡cualquier canción!) sonriendo mientras lo haces.

Bibliografía

Caine, Geoffrey, y Caine, Renate, *Making Connections: Teaching and the Human Brain*, Addison-Wesley, Chicago, 1994. Contiene información fascinante para aprender más sobre la investigación del cerebro.

Carnegie Corporation de Nueva York, *Starting Points: Meeting the Needs of Our Youngest Children*, Carnegie Corporation, Nueva York, 1994. Un grupo de educadores estadounidenses hablan sobre muchos temas relacionados con el desarrollo evolutivo.

Kotulak, Ronald, *Inside the Brain: Revolutionary Discoveries of How the Mind Works*, Andrews and McMeel, Kansas City, Missouri, 1996. Realza la importancia de las primeras experiencias con respecto al desarrollo cerebral.

Shore, Rima, *Rethinking the Brain: New Insights into Early Development*, Families and Work Institute, Nueva York, 1997. Este libro explica en términos sencillos los resultados de las últimas investigaciones del cerebro y lo que estos resultados pueden significar para padres y educadores.

Sylwester, Robert, *A Celebration of Neurons: An Educator's Guide to the Human Brain*, Association for Supervision and Curriculum Development, Alexandria, Virginia, 1995. Se centra en cómo las escuelas producen un ambiente que fomenta el aprendizaje, y también enfoca en este sentido los contactos sociales positivos y los sentimientos de alegría.